Christian Armbrüster

Gesellschaftsrecht und Verbraucherschutz –
Zum Widerruf von Fondsbeteiligungen

Schriftenreihe
der
Juristischen Gesellschaft zu Berlin

Heft 177

De Gruyter Recht · Berlin

Gesellschaftsrecht und Verbraucherschutz – Zum Widerruf von Fondsbeteiligungen

Von
Christian Armbrüster

Vortrag,
gehalten vor der
Juristischen Gesellschaft zu Berlin
am 29. September 2004

W
DE
G
RECHT

De Gruyter Recht · Berlin

4

Professor Dr. *Christian Armbrüster,*
Universitäts-Professor an der Freien Universität Berlin

Gedruckt auf säurefreiem Papier,
das die US-ANSI-Norm über Haltbarkeit erfüllt.

ISBN 978-3-89949-225-5

Bibliografische Information Der Deutschen Bibliothek

Die Deutsche Bibliothek verzeichnet diese Publikation in der Deutschen
Nationalbibliografie; detaillierte bibliografische Daten sind im Internet über
http://dnb.ddb.de abrufbar.

Printed in Germany

Satz: DTP Johanna Boy, Brennberg
Druck: Druckerei Gerike GmbH, Berlin
Buchbinderische Verarbeitung: Industriebuchbinderei Fuhrmann GmbH & Co. KG, Berlin

Inhalt

I. Einleitung

Gesellschaftsrecht und Verbraucherschutz sind zwei Bereiche, die auf den ersten Blick weit voneinander entfernt stehen.[1] Der Zusammenschluss zu einer *Gesellschaft* dient – wie es in § 705 BGB treffend zum Ausdruck kommt – dazu, die Erreichung eines gemeinsamen Zwecks zu fördern. Um *Verbraucherschutz* geht es dagegen typischerweise im Bereich der Austauschverträge,[2] bei denen jede Partei allein ihren eigenen Zweck verfolgt, wobei die Interessen hinsichtlich der vertraglichen Rechte und Pflichten gegensätzlich sind. Dass hier über die allgemeine Rücksichtnahmepflicht (vgl. § 241 Abs. 2 BGB) hinaus dann besondere Schutzregeln geboten sind, wenn ein Verbraucher einem Unternehmer gegenüber steht, leuchtet ein und ist mittlerweile in vielerlei Kontext geltendes Recht. Nun kann es auch innerhalb von Gesellschaften wie überall, wo mehrere Personen in rechtliche Beziehungen zueinander treten, Machtgefälle und Ungleichgewichtslagen geben.[3] Die Rechtsordnung trägt dem zum einen dadurch Rechnung, dass grundsätzlich – wenn auch teils mit Abweichungen bei den Rechtsfolgen (s. noch unten III zur fehlerhaften Gesellschaft) – die *allgemeinen* Vorschriften über Rechtsgeschäfte heranziehbar sind. So wird ein Gesellschafter geschützt, dessen Beitritt auf Täuschung oder Drohung beruht oder sich als sittenwidrig erweist. Zum anderen und vor allem haben sich spezifisch *gesellschaftsrechtliche* Regeln herausgebildet. Sie schützen insbesondere vor einer nicht am Gesellschaftswohl orientierten oder die berechtigten Interessen von Mitgesellschaftern übergehenden Ausübung von Einwirkungsmacht. Dieser Schutz wird insbesondere durch die gesellschaftsrechtliche Treuepflicht gewährleistet. Sie ist das notwendige Korrelat zur Einwirkungsmacht der Mehrheit oder auch einer Sperrminorität[4] auf das Gesellschaftsgeschehen.[5]

---

[1] In den gängigen Lehrbüchern zum Gesellschaftsrecht taucht das Stichwort „Verbraucherschutz" im Sachregister meist nicht auf; s. etwa *Eisenhardt*, Gesellschaftsrecht, 11. Aufl. 2003; *Grunewald*, Gesellschaftsrecht, 5. Aufl. 2002; *Kraft/Kreutz*, Gesellschaftsrecht, 11. Aufl. 2000; *K. Schmidt*, Gesellschaftsrecht, 4. Aufl. 2002 (s. dort freilich den Hinweis auf einen Widerruf nach § 312 BGB in § 57 IV 2 b [S. 1684]). Anders jedoch (mit zwei Verweisungen) *Hueck/Windbichler*, Gesellschaftsrecht, 20. Aufl. 2003.

[2] Prägnant etwa OLG Karlsruhe, Urt. v. 28.8.2002 – 6 U 14/02, ZIP 2003, 202, 204 f.

[3] S. etwa zur hier interessierenden Konstellation *Rohlfing*, NZG 2003, 855, 857 („strukturelles Ungleichgewicht").

[4] S. nur BGH, Urt. v. 20.3.1995 – II ZR 205/94, BGHZ 129, 136, 145 = NJW 1995, 1739, 1741 [*Girmes*] zur Treuepflicht des qualifizierten Minderheitsaktionärs.

[5] Grundlegend *A. Hueck*, Der Treuegedanke im modernen Privatrecht,

Es bleibt die Frage, wo im Gesellschaftsrecht Raum für *Verbraucherschutz* ist. Diskutiert wird er neuerdings, im Gefolge der jüngeren Rechtsprechung zur (Teil-) Rechtsfähigkeit der Außengesellschaft bürgerlichen Rechts,[6] für das *Außenverhältnis* der Gesellschaft zu Dritten: Der Bundesgerichtshof[7] hält es für möglich, dass eine derartige BGB-Gesellschaft, die mit einem Unternehmer einen Vertrag schließt, Verbraucher ist. Demgegenüber ist festzuhalten, dass der in § 13 BGB umgesetzte europäische Verbraucherbegriff ausschließlich natürliche Personen umfasst.[8] Das Verbraucherschutzrecht kann insoweit nur für die akzessorische Außenhaftung eines Gesellschafters gelten, nicht aber für die Gesellschaft selbst.[9]

Im Folgenden soll es nicht um das Außenverhältnis gehen, sondern um die Rolle, die der Verbraucherschutz im *Innenverhältnis* der Gesellschafter spielt. Dabei steht in der Praxis und demgemäss auch in den nachfolgenden Betrachtungen der auf das Recht der *Haustürgeschäfte* (HWiG, jetzt § 312 BGB) gestützte Widerruf der Beteiligung an einem sog. geschlossenen Fonds im Mittelpunkt, daneben spielt namentlich auch das Verbraucherdarlehensrecht eine Rolle (VerbrKrG, jetzt § 495 BGB).[10] Bei einem *geschlossenen Fonds* handelt es sich im Unterschied zum sog. offenen Fonds (als einem Sondervermögen in Gestalt von Wertpapieren oder Immobilien) um eine Personengesellschaft, und zwar typischerweise um eine GmbH & Co. KG oder eine BGB-Gesellschaft, teils auch um eine stille Gesellschaft (zu ihr s. noch insbesondere unten V 2).

An den Anfang der Überlegungen sei ein praktischer *Beispielsfall* gestellt: Ein Rechtsanwalt erhält im Jahre 1993 in seinen Kanzleiräumen Besuch von einem Anlagevermittler. Dieser überzeugt ihn vom Beitritt

---

1947, insbes. S. 18 f.; eingehend *Zöllner*, Die Schranken mitgliedschaftlicher Stimmrechtsmacht bei den privatrechtlichen Personenverbänden, 1963, § 30 (insbes. S. 342 f.).

[6] BGH, Urt. v. 29.1.2001 – II ZR 331/00, BGHZ 146, 341, 343 ff. = NJW 2001, 1056.

[7] BGH, Urt. v. 23.10.2001 – XI ZR 63/01, BGHZ 149, 80, 82 ff. = NJW 2002, 368.

[8] Eingehend *Mülbert*, WM 2004, 905, 910 ff.; so auch *Elssner/Schirmbacher*, VuR 2003, 247, 248 ff.; *N. Struck*, MittBayNot 2003, 259, 260; (nur) im Ausgangspunkt ebenso *Micklitz*, in: MünchKomm-BGB, 4. Aufl. 2001, § 13 Rn. 10, 12.

[9] So im Erg. auch *Mülbert*, WM 2004, 905, 914; a.A. etwa Erman/*Saenger*, BGB, 11. Aufl. 2004, § 13 Rn. 6; s. auch *Dauner-Lieb/Dötsch*, DB 2003, 1666, 1667 ff.

[10] Zu den Erscheinungsformen des verbraucherschützenden Widerrufsrechts s. *Reiner*, AcP 203 (2003), 1, 3 ff.

zu einem geschlossenen Immobilienfonds mit Objekten in den neuen Bundesländern. Eine Widerrufsbelehrung unterbleibt. Der Anwalt leistet vereinbarungsgemäß seine Einlage. In der Folgezeit entwickelt sich der Fonds deutlich ungünstiger als erwartet. Im Jahr 2004 widerruft der Anwalt seinen Beitritt und fordert die Einlage zurück.

Dieser Sachverhalt wirft mehrere interessante Fragen auf. Zunächst ist zu klären, ob dem Anwalt nach den allgemeinen Vorschriften überhaupt ein Widerrufsrecht zusteht (hierzu sogleich II). Wenn dies der Fall ist, stellt sich die Frage, ob die Rechtsfolgen eines erklärten Widerrufs durch gesellschaftsrechtliche Regeln modifiziert werden (dazu unten III). Damit ist der Kern der hier interessierenden Thematik angesprochen, nämlich das Verhältnis von Gesellschaftsrecht und Verbraucherschutzrecht.

II. Geltung der Vorschriften über verbraucherschützende Widerrufsrechte für den Fondsbeitritt

1. Rechtsgrundlagen

Ein Konflikt mit dem Gesellschaftsrecht ist dann von vornherein ausgeschlossen, wenn die Vorschriften über verbraucherschützende Widerrufsrechte auf den Beitritt zu einem geschlossenen Fonds gar nicht anwendbar sind. Wie schon gesagt, ist unter diesen Widerrufsrechten in der Praxis für die hier interessierenden Fälle vor allem dasjenige bedeutsam, das für *Haustürgeschäfte* gilt. Dies hängt damit zusammen, dass die Anlageinteressenten insbesondere in der Zeit seit 1990 häufig in einer Haustürsituation auf die Fondsbeteiligung angesprochen worden sind. Selbst wenn der Beitritt erst zu einem späteren Zeitpunkt – etwa durch Rücksendung der ausgefüllten Beteiligungserklärung – erfolgt, wird er von der insoweit über die Richtlinienvorgabe hinausreichenden[11] deutschen Haustürgeschäftsregelung erfasst. Dabei steht derzeit noch der Widerruf nach § 1 Abs. 1 HWiG im Vordergrund, also der Vorschrift, die für Vertragsschlüsse bis zum 30.9.2000 galt. Danach wird die Willenserklärung des Verbrauchers erst wirksam, wenn er sein einwöchiges Widerrufsrecht nicht ausübt. Ist die Belehrung nicht ordnungsgemäß erfolgt oder ist sie völlig unterblieben, so beginnt die Widerrufsfrist nicht zu laufen.

---

[11] BGH, Urt. v. 14.6.2004 – II ZR 395/01, NJW 2004, 2731, 2732; *Althammer*, BKR 2003, 280, 281.

Die Thematik bleibt freilich auch auf der Grundlage des seit dem 1.10.2000 geltenden Rechts praktisch bedeutsam. Zwar ist die nunmehr zweiwöchige Widerrufsfrist (§ 361 a Abs. 1 S. 2 BGB, seit 1.1.2002 § 355 Abs. 1 S. 2 BGB) im Zuge der Schuldrechtsmodernisierung in § 355 Abs. 3 S. 1 BGB auf maximal sechs Monate begrenzt worden, während der Widerruf eines Fondsbeitritts typischerweise erst nach längerer Zeit erklärt wird. Diese Begrenzung gilt indessen nach dem durch das OLG-Vertretungsänderungsgesetz von 2002[12] eingefügten § 355 Abs. 3 S. 3 BGB für die praktisch wichtigen Fällen einer nicht ordnungsgemäßen oder unterbliebenen Belehrung gerade nicht. Auch unter der Geltung des neuen Rechts ist daher damit zu rechnen, dass ein Widerruf noch nach vielen Jahren ausgeübt wird, ohne wegen Fristversäumnis unwirksam zu sein.

2. Persönlicher Anwendungsbereich

Der *persönliche* Anwendungsbereich des HWiG ist bei einem Fondsbeitritt regelmäßig betroffen: Wer einem geschlossenen Fonds beitritt, handelt typischerweise als *Verbraucher* i. S. von § 13 BGB. Der Zweck der Beteiligung ist nämlich in aller Regel nicht seiner gewerblichen oder selbständigen beruflichen Tätigkeit zuzurechnen.[13] Dies gilt auch für den Rechtsanwalt im Ausgangsfall, da er sich in seiner Eigenschaft als Anleger und nicht als rechtlicher Berater engagiert. Wegen des typisierenden Verbraucherbegriffs, der nicht auf die individuelle Schutzbedürftigkeit abstellt, spielt auch die berufliche Erfahrung des Anwalts keine Rolle; sogar wenn er das betreffende Fondsmodell selbst rechtlich konzipiert hätte, wäre er hinsichtlich seines Beitritts als Verbraucher zu behandeln. Nicht in Frage gestellt wird die Verbrauchereigenschaft des Anlegers auch dadurch, dass er bei manchen Fondsmodellen in steuerlicher Hinsicht als Mitunternehmer i. S. von § 15 Abs. 1 Nr. 2 EStG einzustufen ist. Der verbraucherschutzrechtliche und der steuerrechtliche Unternehmerbegriff sind nämlich nicht deckungsgleich, sondern funktionell verschieden.

---

[12] Gesetz zur Änderung des Rechts der Vertretung durch Rechtsanwälte vor den Oberlandesgerichten v. 23.7.2002, BGBl. I, S. 2850.

[13] OLG Frankfurt/M., Urt. v. 4.2.2004 – 23 U 66/03, NJW-RR 2004, 991, 992; *Drygala*, ZIP 1997, 968, 969; s. auch EuGH, Urt. v. 19.1.1993 – Rs. C 89/91, Slg. 1993, I–139 = EuZW 1993, 224 (zum Verbrauchergerichtsstand nach Art. 13, 14 EuGVÜ); krit. *K.-R. Wagner*, NZG 2000, 169, 171; zurückhaltender nunmehr *ders.*, WM 2004, 2240, 2242.

Als Vertragspartner steht dem beitretenden Anleger ein *Unternehmer* i. S. von § 14 BGB gegenüber, nämlich der Gründungsgesellschafter, auch wenn dieser zugleich bereits beigetretene Verbraucher vertritt.

3. Sachlicher Anwendungsbereich

Problematischer ist die Frage, ob auch der *sachliche* Anwendungsbereich des HWiG eröffnet ist. Das Widerrufsrecht nach § 1 Abs. 1 HWiG (jetzt § 312 Abs. 1 BGB) gilt für Verträge über „entgeltliche Leistungen". Der Gesetzgeber hatte vor allem typische Bedarfsgeschäfte des täglichen Lebens im Blick,[14] wie etwa einen Staubsaugerkauf. Ob darüber hinaus auch die Begründung von Gesellschaftsverhältnissen zu den Verträgen über „entgeltliche Leistungen" zählt, lässt sich den gesetzlichen Regeln nicht ausdrücklich entnehmen. Während das – im Kontext der hier betrachteten Fondsmodelle praktisch nicht bedeutsame – Teilzeitwohnrechtegesetz klarstellt, dass auch die Gesellschaftsbeteiligung darunter fällt (§ 1 Abs. 2 S. 2 TzWrG; jetzt § 481 Abs. 1 S. 2 BGB), fehlt im HWiG (wie auch in § 312 BGB) eine derartige Regelung. Die Frage ist dementsprechend umstritten.

a) Meinungsstand

Der *II. Zivilsenat* des Bundesgerichtshofs hat die Frage nach der Anwendbarkeit des HWiG auf den Beitritt zu einem Verein oder einer Genossenschaft unter Hinweis darauf verneint, dass es sich nicht um einen Vertrag über eine entgeltliche Leistung handele.[15] Für den Beitritt zu einem Immobilienfonds hat der *Senat* die Frage hingegen bejaht.[16]

---

[14] Vgl. BT-Drs. 10/2876, S. 13; *Habersack*, ZIP 2001, 327; *Lenenbach*, WM 2004, 501, 503.

[15] BGH, Urt. v. 20.1.1997 – II ZR 105/96, NJW 1997, 1069, 1070 (allerdings für Ausnahme bei Gewährung weiterer, über die mitgliedschaftlichen Rechte hinausgehender Leistungen; s. dazu unten bei Fn. 24).

[16] BGH, Urt. v. 17.9.1996 – XI ZR 164/95, BGHZ 133, 254, 261 f. = NJW 1996, 3414, 3415 (zum Widerruf nach § 1 HWiG); Urt. v. 14.6.2004 – II ZR 395/01, NJW 2004, 2731, 2733 f. (zum Widerruf nach § 9 VerbrKrG); s. auch BGH, Urt. v. 2.7.2001 – II ZR 304/00, BGHZ 148, 201, 203 = NJW 2001, 2718 (betr. Beitritt über einen Treuhänder). Ebenso OLG München, Urt. v. 18.5.1995 – 29 U 6014/94, ZIP 1995, 1362, 1363 (betr. Vereinsbeitritt); OLG Stuttgart, Urt. v. 15.1.2001 – 6 U 35/00, ZIP 2001, 322, 323 (obiter).

Dezidiert anderer Ansicht ist etwa das OLG Karlsruhe.[17] Auch im Schrifttum wird das Thema kontrovers diskutiert. Einige verweisen darauf, dass es sich beim Beitritt zu einer Gesellschaft nicht um einen entgeltlichen Vertrag, sondern um ein auf die originäre Begründung einer Mitgliedschaft gerichtetes Rechtsgeschäft handele.[18] Andere beurteilen die Frage hingegen ebenso wie der BGH.[19]

b) Stellungnahme

aa) Auslegung nach dem Wortsinn

Man könnte die Anwendbarkeit der Haustürgeschäftsregeln bereits im Hinblick auf deren *Wortlaut* in Zweifel ziehen. Wie gesagt, gelten die Regeln über Haustürgeschäfte sowohl nach § 1 Abs. 1 HWiG als auch nach § 312 Abs. 1 BGB für Verträge über eine *„entgeltliche Leistung"*. Beim Beitritt zu einer Gesellschaft handelt es sich indessen nicht um einen Austauschvertrag, bei dem Leistung und Gegenleistung einander gegenüberstehen.[20] Die vom Beitretenden versprochene Einlage stellt nicht ein Entgelt für die Einräumung der Gesellschafterstellung dar, sondern den eigenen Beitrag zur Verfolgung des gemeinsamen Zwecks i. S. von § 705 BGB.[21] Dass der Anleger eine Gewinnerzielungsabsicht verfolgt (bei Abschreibungsmodellen genauer gesagt: eine steuerliche Verlusterzielungsabsicht, die bei wirtschaftlicher Betrachtung einer Gewinnerzielungsabsicht

---

[17] OLG Karlsruhe, Urt. v. 28.8.2002 – 6 U 14/02, ZIP 2003, 202, 203 (zu § 9 VerbrKrG), 205 (zu § 1 HWiG).

[18] *Habersack*, ZIP 2001, 327, 328; *ders.*, in: Hadding/Nobbe (Hrsg.), Bankrecht 2000, S. 235, 249 f.; *Krohn/C. Schäfer*, WM 2000, 112, 113 (zum Genossenschaftsbeitritt); *Tiedtke*, EWiR § 705 BGB 1/04, 177, 178, im Erg. auch *K.-R. Wagner*, NZG 2000, 169, 171.

[19] *Althammer*, BKR 2003, 280, 218; *Louven*, BB 2001, 1807; Staudinger/*Werner*, BGB, Neubearb. 2001, § 1 HWiG Rn. 66; *Ulmer*, in: MünchKomm-BGB, 4. Aufl. 2003, § 312 Rn. 25 (bei Fn. 40).

[20] S. insbesondere *Ulmer*, in: MünchKomm-BGB (Fn. 19), § 705 Rn. 162 ff.; im Ansatz abw. *Hüttemann*, Leistungsstörungen bei Personengesellschaften, 1998, insbes. S. 19 ff.

[21] OLG Karlsruhe, Urt. v. 28.8.2002 – 6 U 14/02, ZIP 2003, 202, 204 (im Kontext von § 9 VerbrKrG); *van Look*, WuB IV D. § 5 HWiG 1.97, S. 581 (im Kontext von § 1 HWiG).

gleichsteht), führt entgegen dem BGH[22] nicht zur Entgeltlichkeit.[23] Der Anspruch auf Teilhabe am zu erwirtschaftenden Gewinn ist nämlich nicht eine von den Vertragspartnern des Beitretenden zu erbringende Gegenleistung für die Verpflichtung zur Einzahlung der Einlage. Die Lage ist insoweit anders zu beurteilen als beim Beitritt zu einer Genossenschaft, der mit dem Erwerb eines Teilzeitwohnrechts verbunden ist; dort kann bei einer Gesamtbetrachtung in der Tat der Austauschcharakter im Vordergrund stehen.[24]

bb) Historische Auslegung

Aus den Gesetzesmaterialien lässt sich entnehmen, dass das HWiG auf den Beitritt zu einem Verein keine Anwendung finden sollte.[25] Dabei ging es darum zu vermeiden, dass etwa auch der Beitritt zu einer Gewerkschaft oder einer politischen Partei von den Regeln des HWiG erfasst wird. Ob damit freilich auch der Beitritt zu einer BGB-Gesellschaft nicht unter das HWiG fallen sollte,[26] ist zumindest dann zweifelhaft, wenn es sich nicht um eine Gesellschaft mit ideeller Zwecksetzung handelt, sondern um einen geschlossenen Fonds. Den Gesetzesmaterialien lässt sich insoweit kein gesetzgeberischer Wille entnehmen.

cc) Teleologische Auslegung

Sinn und Zweck des HWiG könnten es angemessen erscheinen lassen, seine Regeln nicht auf den Beitritt zu einer Fondsgesellschaft zu erstrecken. Schließlich engagiert der Verbraucher sich hier in spekulativer Weise als *Investor*. Man könnte daher der Ansicht sein, dass in diesem Bereich gleichsam ein rauerer Wind weht und dass es nicht Aufgabe des allgemeinen Verbraucherschutzrechts, sondern allein des Gesellschafts- und des

---

[22] BGH, Urt. v. 17.9.1996 – XI ZR 164/95, BGHZ 133, 254, 261 f. = NJW 1996, 3414, 3415; Urt. v. 2.7.2001 – II ZR 304/00, BGHZ 148, 201, 203 = NJW 2001, 2718, 2719; ebenso OLG Stuttgart, Urt. v. 15.1.2001 – 6 U 35/00, ZIP 2001, 322, 323; *Lenenbach*, WM 2004, 501, 504; Erman/*Saenger* (Fn. 9), § 312 Rn. 24. Zum Widerruf nach § 9 VerbrKrG so auch BGH, Urt. v. 14.6.2004 – II ZR 395/01, NJW 2004, 2731, 2733 f.

[23] *H.P. Westermann*, ZIP 2002, 189, 196; so im Erg. auch *Habersack*, ZIP 2001, 327, 328; *ders.*, in: Hadding/Nobbe (Fn. 18), S. 235, 249.

[24] S. dazu BGH, Urt. v. 20.1.1997 – II ZR 105/96, NJW 1997, 1069, 1070; *Krohn/C. Schäfer*, WM 2000, 112, 113 ff.

[25] BT-Drs. 10/2876, S. 9; s. auch BGH, Urt. v. 20.1.1997 – II ZR 105/96, NJW 1997, 1069, 1070.

[26] So ohne nähere Begründung *Habersack*, ZIP 2001, 327, 328.

Kapitalanlagerechts (einschließlich der Regeln über Aufklärungspflichtverletzungen und über Prospekthaftung, dazu s. noch unten V) sei, dem Anleger Schutz zu gewähren.[27] Immerhin wird das Gesellschaftsrecht auch in anderem Kontext von allgemeinen Schutzregeln ausgeklammert. Dies gilt insbesondere für die AGB-Kontrolle, hinsichtlich derer in § 310 Abs. 4 S. 1 BGB eine Bereichsausnahme für Gesellschaftsverträge vorgesehen ist; sie entspricht Erwägungsgrund 10 der EG-Klauselrichtlinie[28]. Mit der Sonderbehandlung von Gesellschaftsverträgen wird nicht zuletzt dem Umstand Rechnung getragen, dass im Gesellschaftsrecht gegenüber den typischen Verbraucherverträgen zusätzliche Wertungen zu beachten sind.[29] Freilich ist es umstritten – worauf an dieser Stelle nicht näher eingegangen werden soll –, ob die Bereichsausnahme des § 310 Abs. 4 S. 1 BGB auch die Beteiligung von Verbrauchern an Publikumsgesellschaften erfasst.[30]

Allerdings kann es auch bei der Beteiligung an einem geschlossenen Fonds in einer Haustürsituation zu unüberlegten Impulshandlungen kommen, die der Verbraucher alsbald bereut. Es ist für solche Fälle sinnvoll, ihm innerhalb kurzer Frist eine Lösung vom Vertrag zu ermöglichen. Dies gilt insbesondere im Hinblick darauf, dass gerade in jüngerer Zeit die in einer Haustürsituation auf die Fondsbeteiligung angesprochenen Verbraucher häufig nicht zu jener Kategorie finanziell gut gestellter und geschäftlich erfahrener Anleger gehören, bei denen sich tatsächlich die Frage nach ihrem individuellen Schutzbedürfnis stellen könnte.

---

[27] Vgl. etwa BGH, Urt. v. 13.11.1980 – III ZR 96/79, NJW 1981, 391; Urt. v. 17.1.1985 – III ZR 135/83, BGHZ 93, 264, 268 = NJW 1985, 1020, zum eingeschränkten Schutzbedürfnis „Besserverdienender" bei steuersparenden Kapitalanlagen. Diese Rechtsprechung ist überholt; BGH, Urt. v. 17.9.1996 – XI ZR 164/95, BGHZ 133, 254, 262 = NJW 1996, 3414, 3415; OLG Stuttgart, Urt. v. 15.1.2001 – 6 U 35/00, ZIP 2001, 322, 323; *Lenenbach*, WM 2004, 501, 505.

[28] ABl. EG Nr. L 95 v. 21.5.1993 = NJW 1993, 1838.

[29] *Drygala*, ZIP 1997, 968, 970 (im Kontext der EG-Klauselrichtlinie).

[30] Dafür BGH, Urt. v. 10.10.1994 – II ZR 32/94, NJW 1995, 192, 193 (betr. koordinierte zweigliedrige stille Gesellschaften); *Drygala*, ZIP 1997, 968 ff., 971; *Michalski/Schuldenburg*, NZG 1999, 898; dagegen OLG Frankfurt/M., Urt. v. 4.2.2004 – 23 U 66/03, NJW-RR 2004, 991, 992 f.; *Basedow*, in: MünchKomm-BGB (Fn. 19), § 310 Rn. 86; *Grundmann*, JZ 1996, 274, 284; *M. Wolf*, in: Wolf/Horn/Lindacher, AGBG, 4. Aufl. 1999, Art. 1 RiLi Rn. 28.

dd) Richtlinienkonforme Auslegung

Die Richtlinie über den Widerruf von Haustürgeschäften[31] führt die Voraussetzung der Entgeltlichkeit nicht ausdrücklich auf. Eine *richtlinienkonforme Auslegung* des HWiG[32] könnte daher den Schluss nahe legen, dass dieses Gesetz keinen entgeltlichen Vertrag voraussetzt.[33] Indessen gilt die Richtlinie nach Art. 1 Abs. 1 nur für Verträge „zwischen einem Gewerbetreibenden, der Waren liefert oder Dienstleistungen erbringt, und einem Verbraucher".[34] Dabei handelt es sich typischerweise um *entgeltliche Austauschverträge*; von ihnen geht die Richtlinie ersichtlich aus.[35] Daraus wiederum ist von manchen der Schluss gezogen worden, dass Verträge über den Beitritt zu einer Gesellschaft nicht unter die Richtlinie fallen.[36] Allerdings hat die Richtlinie mittlerweile in der Rechtsprechung eine sehr weite Auslegung erfahren; so wird sie etwa unter bestimmten Voraussetzungen für auf Bürgschaften[37], Wohnraummietverträge[38] oder Darlehensverträge[39] anwendbar angesehen.[40] Für ihre grundsätzliche

---

[31] Richtlinie 85/577/EWG des Rates betreffend den Verbraucherschutz im Fall von außerhalb von Geschäftsräumen geschlossenen Verträgen vom 20.12.1985, ABl. EG Nr. L 372/31 v. 31.12.1985.

[32] Vgl. dazu zuletzt (im Kontext von § 5 Abs. 2 HWiG) BGH, Urt. v. 14.6.2004 – II ZR 395/01, NJW 2004, 2731, 2732.

[33] OLG München, Urt. v. 18.5.1995 – 29 U 6014/94, NJW 1996, 263 (betr. Flugrettungsdienst); Erman/*Saenger* (Fn. 9), § 312 Rn. 19; offen lassend BGH, Urt. v. 20.1.1997 – II ZR 105/96, NJW 1997, 1069, 1070. Vgl. auch *Habersack*, in: Hadding/Nobbe (Fn. 18), S. 235, 249: die Richtlinie enthalte keine Vorgaben darüber, ob der Beitretende geschützt wird.

[34] Zu den damit verbundenen Auslegungsfragen s. etwa *Klauninger*, Der Widerruf von Sicherungsgeschäften nach deutschem und europäischem Recht, 2001, S. 237 ff.

[35] *Krohn/C. Schäfer*, WM 2000, 112, 123.

[36] *Krohn/C. Schäfer*, WM 2000, 112, 123.

[37] EuGH, Urt. v. 17.3.1998 – C 45/96, Slg. 1998, I-01199 = NJW 1998, 1295, 1296 (Dietzinger); s. auch zum HWiG BGH, Urt. v. 14.5.1998 – IX ZR 56/95, BGHZ 139, 21 ff. = NJW 1998, 2356 f.

[38] OLG Koblenz, Urt. v. 9.2.1994 – 4W – RE – 456/93, NJW 1994, 1418.

[39] EuGH, Urt. v. 13.12.2001 – Rs. C-481/99 (*Heininger*), Slg. 2001, I-9965, I-9978 ff. = NJW 2002, 281 f. (Rn. 25 ff.)

[40] Darauf verweist im hier interessierenden Kontext auch *Althammer*, BKR 2003, 280, 281.

Erstreckung auf alle Vertragstypen[41] spricht wiederum der Umstand, dass es für den Schutz des sich zu einer Leistung verpflichtenden Verbrauchers vor Überrumpelung in einer Haustürsituation (s. dazu bereits oben cc) regelmäßig keinen Unterschied machen kann, welchem schuldrechtlichen Vertragstyp das Rechtsgeschäft, auf dem die Verpflichtung beruht, zuzuordnen ist. Insofern ist auch zu bedenken, dass der in Art. 3 Abs. 2 der Richtlinie enthaltene *Ausnahmekatalog* die Beteiligung an Gesellschaften nicht umfasst. In anderem Kontext hat der Europäische Gerichtshof[42] hervorgehoben, dass die in verbraucherschutzrechtlichen Richtlinien vorgesehenen Ausnahmen eng auszulegen sind. Damit ist entgegen einer im Schrifttum vertretenen Ansicht[43] der Weg versperrt, den Beitritt zu einem geschlossenen Immobilienfonds als Vertrag über ein Grundstück oder ein grundstücksgleiches Recht (Vertrag über „andere Rechte an Immobilien") im Sinne der Ausnahmeregelung des Art. 3 Abs. 2 lit. a der Richtlinie einzuordnen.[44]

Die richtlinienkonforme Auslegung bezieht sich nicht allein auf die von der Richtlinie erfassten Fälle, in denen das Geschäft in der Haustürsituation abgeschlossen wurde. Vielmehr erstreckt sie sich auch auf die „überschießende" Umsetzung im deutschen Recht, wonach die Anbahnung in einer Haustürsituation für die Anwendbarkeit der Schutzregeln genügt (s. bereits oben II 1). Anderenfalls käme es zu einer gespaltenen Auslegung, was der vom deutschen Recht geforderten Gleichbehandlung zuwiderliefe.[45]

---

[41] Dafür auch Erman/*Saenger* (Fn. 9), § 312 Rn. 19; *Mankowski*, WuB IV D. § 1 HWiG 1.01, S. 1204; *M. Wolf*, in: Wolf/Horn/Lindacher (Fn. 30), Art. 1 RiLi Rn. 29; offen lassend *Heinrichs*, NJW 1998, 1447, 1462.

[42] EuGH, Urt. v. 13.12.2001 – Rs. C-481/99 (*Heininger*), Slg. 2001, I-9965, I-9980 = NJW 2002, 281, 282 (Rn. 31), unter Bezugnahme auf EuGH, Urt. v. 10.5.2001 – Rs. C-203/99 (*Veedfald*), Slg. 2001, I-3569 = NJW 2001, 2781, 2782 (Rn. 15). S. allerdings auch Schlussanträge des Generalanwalts beim EuGH v. 28.9.2004, NJW 2004, XIV, im Internet abrufbar unter http://curia.eu.int/jurisp/cgi-bin/form.pl?lang=de (Nichtanwendbarkeit der Richtlinie auf Immobilienkauf).

[43] *K.-R. Wagner*, NZG 2000, 169, 171.

[44] Zutr. *Althammer*, BKR 2003, 280, 281; *J. Hoffmann*, ZIP 1999, 1586, 1589.

[45] BGH, Urt. v. 9.4.2002 – XI ZR 91/99, BGHZ 150, 248, 260 ff. = NJW 2002, 1881; Urt. v. 14.6.2004 – II ZR 395/01, NJW 2004, 2731, 2732; *A. Staudinger*, JuS 2002, 953, 954.

c) Fazit

Die besseren Argumente sprechen mithin für eine Anwendbarkeit des HWiG, so wie auch der Bundesgerichtshof sie befürwortet. Auf das Umgehungsverbot des § 5 Abs. 1 HWiG muss dabei nicht zurückgegriffen werden;[46] eine Umgehung läge im Übrigen hier nicht vor, weil nicht das Ziel einer bestimmten, dem Anwendungsbereich des HWiG unterliegenden Gestaltung über einen Umweg erreicht werden soll. Die Lage ist insofern anders als etwa beim über eine Genossenschaftsbeteiligung angestrebten Erwerb eines Ferienwohnrechts.[47]

Nichts anderes als für das Widerrufsrecht nach Haustürwiderrufsregeln gilt für dasjenige nach *Verbraucherkreditrecht* bei fremdfinanzierten Beteiligungen. Hier stellt sich im Hinblick auf verbundene Geschäfte eine vergleichbare Auslegungsfrage, da in § 9 VerbrKrG von der „Finanzierung des Entgelts für eine andere Leistung" die Rede ist. Der Fondsbeitritt ist als entgeltliche Leistung in diesem Sinne anzusehen. Bilden Verbraucherkredit- und Beitrittsvertrag ein verbundenes Geschäft, so führt mithin die Widerrufbarkeit des einen auch zu derjenigen des anderen Geschäfts.[48]

Als eine *erste These* sei damit Folgendes festgehalten: *Die Beteiligung als Gesellschafter an einem geschlossenen Fonds ist auf eine entgeltliche Leistung im Sinne der verbraucherschutzrechtlichen Widerrufsrechte gerichtet.*

Rechtspolitisch bleiben allerdings Zweifel dahingehend, ob mit dem Widerrufsrecht dem entscheidenden Schutzbedürfnis Rechnung getragen wird. In den klassischen Fällen des Haustürgeschäfts geht es um den Schutz des Verbrauchers vor einem übereilten Vertragsschluss über eine Leistung, die er als solche überblicken kann (z.B. Staubsauger). Das Überraschungsmoment, das durch die Haustürsituation entstanden ist, lässt sich in Gestalt des nunmehr zweiwöchigen Widerrufsrechts ausgleichen. Beim Beitritt zu einem geschlossenen Fonds steht demgegenüber ein ganz anderes Schutzbedürfnis im Vordergrund. Es rührt aus der Komplexität des Produkts „Fondsbeteiligung" her. Die typischen Risiken des Beitritts zu einem geschlossenen Fonds – insbesondere: mangelnde Veräußerbarkeit der Beteiligung, möglicherweise ungünstige Marktentwicklung, unzureichender

---

[46] Abw. etwa *Habersack*, in: Hadding/Nobbe (Fn. 18), S. 235, 250; offenbar auch *C. Schäfer*, JZ 2002, 249, 250, der von Verschleierung des Austauschcharakters spricht.

[47] Insofern eine Umgehung i. S. von § 5 HWiG zutr. bejahend BGH, Urt. v. 20.1.1997 – II ZR 105/96, NJW 1997, 1069, 1070.

[48] BGH, Urt. v. 21.7.2003 – II ZR 387/02, BGHZ 156, 46, 50 ff. = NJW 2003, 2821, 2822; dazu eingehend *M. Schwab*, ZGR 2004, 861 ff.

Schutz durch Mietgarantien, teils auch Nachschusspflicht – werden oft unterschätzt oder gar nicht gesehen. Das zweiwöchige Widerrufsrecht bringt in diesen Fällen wenig. Auf die Frage, ob hier nicht ein stärkerer präventiver Schutz geboten ist, wird noch zurückzukommen sein (s. unten VI). An dieser Stelle genügt es festzuhalten, dass das Widerrufsrecht die Beteiligung an einem Fonds erfasst, mag auch das Schutzbedürfnis des Verbrauchers vorrangig andere Instrumente nahe legen.

III. Anwendbarkeit der Regeln über die fehlerhafte Gesellschaft

1. Ausgangslage

a) Rechtsfolgen des Widerrufs nach allgemeinen Regeln

Wird ein bestehendes Widerrufsrecht ausgeübt, so richtet sich die Abwicklung des Rechtsverhältnisses grundsätzlich nach Rücktrittsregeln (§ 3 HWiG; jetzt § 357 BGB). Für den Widerruf einer Fondsbeteiligung bedeutet dies, dass dem Verbraucher sämtliche geleisteten Einlagen und sonstige Zahlungen (Agio, Bearbeitungsgebühren usw.) zurückzugewähren sind. Abzuziehen sind lediglich die zwischenzeitlich durch die Fondsgesellschaft an ihn ausgeschütteten Erträge.

An dieser Stelle kommt nun die Frage auf, ob die allgemeinen Regeln des Verbraucherschutzrechts für die Rückabwicklung des Vertrages nach einem Widerruf hier deshalb zu modifizieren sind, weil der Widerruf sich auf die Beteiligung an einer Gesellschaft bezieht.

b) Modifikation durch die Regeln über die fehlerhafte Gesellschaft

Leidet ein Gesellschaftsvertrag an Mängeln, die nach den allgemeinen Vorschriften des BGB zur Nichtigkeit oder Anfechtbarkeit führen, so sind die Regeln über die *fehlerhafte Gesellschaft* anwendbar. Sie gelten in gleicher Weise für den hier interessierenden *Beitritt* zu einer bestehenden Gesellschaft; man spricht dann auch von fehlerhaftem Beitritt. Diese Grundsätze können inzwischen als gewohnheitsrechtlich anerkannt gelten.[49] Nach

---

[49] S. bereits BGH, Urt. v. 29.6.1970 – II ZR 158/69, BGHZ 55, 5, 8 f. = NJW 1971, 375, 377; ferner *K. Schmidt*, AcP 186 (1986), 421, 425 f.

ihnen ist der Beitrittsvertrag unter bestimmten Voraussetzungen – auf die noch einzugehen sein wird (s. unten IV) – nicht als von Anfang an (ex tunc) nichtig anzusehen. Vielmehr werden für die Vergangenheit aus der Unwirksamkeit des Vertrages keine Folgen gezogen. Das Gesellschaftsverhältnis wird trotz des anfänglichen Mangels bis zu dem Zeitpunkt als wirksam behandelt, in dem der beigetretene Gesellschafter es durch einseitige Erklärung (außerordentliche Kündigung) beendet.[50] Bisweilen wird gefordert, dass über die Fehlerhaftigkeit des Beitritts hinaus ein wichtiger Grund für die Kündigung vorliegen muss.[51] Dies überzeugt jedoch nicht. Die Regeln über die fehlerhafte Gesellschaft dienen allein dazu, aus der Fehlerhaftigkeit des tatsächlich durchgeführten Beteiligungsverhältnisses *für die Vergangenheit* keine Folgen zu ziehen. Es besteht hingegen kein Anlass, darüber hinausgehend die Lösung von der Gesellschaft *für die Zukunft* davon abhängig zu machen, dass über die Fehlerhaftigkeit hinaus ein wichtiger Grund besteht.[52] Mit Zugang der Kündigungserklärung scheidet der kündigende Anleger damit aus der Fondsgesellschaft aus; dies gilt nicht nur für die BGB-Gesellschaft (s. dazu § 723 Abs. 1 S. 2 BGB), sondern auch bei einer Publikums-KG; eine Klageerhebung nach § 133 Abs. 1 HGB ist hier regelmäßig nicht erforderlich.[53]

Der entscheidende *praktische Unterschied* zu einer Anwendung der allgemeinen Regeln liegt im Bereich der finanziellen Abwicklung der Beteiligung. Finden die Grundsätze über die fehlerhafte Gesellschaft Anwendung, so sind dem ausscheidenden Gesellschafter nicht nach den Vorschriften über den Rücktritt (§§ 346 ff. BGB) die von ihm erbrachten Leistungen zurückzugewähren. Vielmehr hat eine Auseinandersetzung nach gesellschaftsrechtlichen Grundsätzen zu erfolgen; die Beteiligung wächst dann den verbleibenden Gesellschaftern an[54]. Das *Auseinandersetzungsguthaben* berechnet sich danach, welcher Betrag dem ausscheidenden

---

[50] BGH, Urt. v. 2.7.2001 – II ZR 304/00, BGHZ 148, 201, 207 = NJW 2001, 2718, 2720; *K. Schmidt* (Fn. 1), § 6 III 2 (S. 148 f.).

[51] *Flume*, Allg. Teil I/1, Die Personengesellschaft, 1977, § 2 III (S. 22); wohl auch RG, Urt. v. 13.11.1940 – II ZR 44/40, RGZ 165, 193, 199 f.

[52] St. Rspr.; BGH, Urt. v. 24.10.1951 – II ZR 18/51, BGHZ 3, 285, 290 ff.; *Ulmer*, in: MünchKomm-BGB, 4. Aufl. 2004, § 705 Rn. 329; für den praktischen Regelfall so auch *K. Schmidt* (Fn. 1), § 6 III 2 (S. 149).

[53] BGH, Urt. v. 19.12.1974 – II ZR 27/73, BGHZ 63, 338, 345 f. = NJW 1975, 1022; Urt. v. 9.2.1976 – II ZR 65/75, NJW 1976, 894 f.; Urt. v. 12.5.1977 – II ZR 89/75, BGHZ 69, 160, 162 f.; *Hueck/Windbichler* (Fn. 1), § 18 Rn. 31; *C. Schäfer*, Die Lehre vom fehlerhaften Verband, 2002, S. 334.

[54] S. nur *Habersack*, ZIP 2001, 322, 329; allg. *K. Schmidt* (Fn. 1), § 45 II 5 (S. 1319 f.).

Gesellschafter zustünde, wenn die Gesellschaft liquidiert würde. Sind die Geschäfte ungünstig verlaufen, so dass die geleistete Einlage durch Verluste reduziert worden ist, so kann dies – auch wenn erfolgte Ausschüttungen und fortbestehende Steuervorteile[55] zu berücksichtigen sind –[56] für den Gesellschafter unter Umständen bedeuten, dass er erheblich schlechter steht als bei einer Abwicklung nach Rücktrittsregeln.[57]

In diesem Unterschied liegt der wesentliche Grund dafür, dass vor den Gerichten in zunehmendem Umfang über die Rückabwicklung gestritten wird. Viele der in den letzten 15 Jahren errichteten Fondsgesellschaften, vor allem Immobilienfonds mit Bürogebäuden in Berlin und den neuen Bundesländern, sind mittlerweile in die Krise geraten.[58] Gelten für die Abwicklung die allgemeinen Regeln des Rücktrittsrechts, so kann dem Anleger die zwischenzeitliche Wertentwicklung des Fonds gleichgültig sein. Dies gilt zumindest, so lange das Fondsvermögen noch zur Rückzahlung der geleisteten Einlage ausreicht. Greifen hingegen die Regeln über die fehlerhafte Gesellschaft ein, so schlägt sich die rückläufige Wertentwicklung für den Anleger in einem entsprechend geringeren Auseinandersetzungsguthaben nieder.

2. Meinungsstand zum Anwendungsvorrang des Verbraucher- oder des Gesellschaftsrechts

Der Bundesgerichtshof hat in einem Urteil von 2001 die Regeln über die fehlerhafte Gesellschaft für auf einen nach dem HWiG widerruf-

---

[55] S. dazu *K.-R. Wagner*, NZG 2000, 169, 181.

[56] *H.-P. Westermann*, ZIP 2002, 240, 244.

[57] S. auch *Emmerich*, JuS 2004, 917, 919 (die Abfindungsansprüche gegen den Fonds tendierten „meistens gegen Null"). Dies übergeht das OLG Rostock (Urt. v. 1.3.2001 – 1 U 122/99, ZIP 2001, 1009, 1011 = WM 2001, 1413, 1415), wenn es meint, zwischen einer Auseinandersetzung nach § 723 BGB und einer Rückabwicklung nach § 3 HWiG bestünden „keine wesentlichen Unterschiede"; dasselbe gilt für *Mankowski*, WuB IV D. § 1 HWiG 1.01, S. 1205, demzufolge der Unterschied allein im Zeitpunkt des Wirksamwerdens des Ausscheidens liegt.

[58] Am Rande sei vermerkt, dass der bisweilen auf diesen Sachverhalt erstreckte Ausdruck „Schrottimmobilien" (z.B. redaktionelle Oberzeilen in LMK 2004, 153; GE 2004, 945) nicht recht passt, da die wirtschaftlichen Schwierigkeiten typischerweise nicht aus einer mangelnden Qualität der – in aller Regel neu errichteten – Fondsimmobilien herrühren, sondern in erster Linie aus deren konjunkturbedingt schwierigeren Vermietbarkeit; selbst überhöhte Fondskosten machen solche Immobilien nicht zu „Schrott".

baren Fondsbeitritt anwendbar erklärt.[59] Zwar betraf der Sachverhalt die Beteiligung über einen Treuhänder. Der *II. Zivilsenat* nimmt jedoch in den entscheidenden Passagen ganz generell zum Vorrang der Regeln über die fehlerhafte Gesellschaft Stellung, indem er die Judikatur zum anfechtbaren Beitritt[60] auf den nach dem HWiG widerrufbaren Beitritt überträgt.[61] Diese Rechtsprechung zum Vorrang des Gesellschaftsrechts vor dem Verbraucherrecht ist im Schrifttum verbreitet befürwortet worden.[62] Vor allem in jüngerer Zeit sind jedoch zunehmend kritische Stimmen zu vernehmen.[63] Auch mehrere Oberlandesgerichte halten die Verbraucherschutzregeln für vorrangig.[64] Andere Oberlandesgerichte widersprechen dem.[65] In einer Entscheidung vom 14.6.2004 hat der Bundesgerichtshof

---

[59] BGH, Urt. v. 2.7.2001 – II ZR 304/00, BGHZ 148, 201, 203 ff. = NJW 2001, 2718, 2720, mit in konstruktiver Hinsicht teils krit. Anm. *Louven*, BB 2001, 1807, 1808; *C. Schäfer*, JZ 2002, 249, 251. Zur (vom *Senat* hier vorgenommenen) wirtschaftlichen Betrachtung im Treuhandrecht eingehend *Armbrüster*, Die treuhänderische Beteiligung an Gesellschaften, 2000, S. 5 ff.

[60] BGH, Urt. v. 19.12.1974 – II ZR 27/73, BGHZ 63, 338, 345 f. = NJW 1975, 1022.

[61] Zutr. *Louven*, BB 2001, 1807, 1808. Dies übergeht OLG Karlsruhe, Urt. v. 28.8.2002 – 6 U 14/02, ZIP 2003, 202, 206, wenn es sich mit dem Urteil des BGH v. 2.7.2001 unter Hinweis darauf nicht näher auseinandersetzt, dass es darin um den Geschäftsbesorgungsvertrag zwischen Anleger und Treuhänder gehe.

[62] *Althammer*, BKR 2003, 280, 284 f. (im Kontext des Widerrufs eines finanzierten Beitritts); *Edelmann*, DB 2001, 2434, 2436; *Lenenbach*, WM 2004, 501, 503; *Louven*, BB 2001, 1807, 1808; *M. Schwab*, ZGR 2004, 861, 892; *Wallner*, BKR 2003, 799, 800; im Grundsatz auch *C. Schäfer*, JZ 2002, 249 f.; *ders.* (Fn. 53), S. 280 f.; *ders.*, DStR 2004, 1611, 1612; *Ulmer*, in: MünchKomm-BGB (Fn. 52), § 705 Rn. 329; wohl auch *Gummert*, in: MünchHdbGesR, Bd. 2, 2. Aufl. 2004, § 62 Rn. 24, 28. S. bereits *Habersack*, in: Hadding/Nobbe (Fn. 18), S. 235, 242 f. (im Kontext von § 9 VerbrKrG); *Krohn/C. Schäfer*, WM 2000, 112, 120 ff.

[63] *Mankowski*, WuB IV D. § 1 HWiG 1.01, S. 1205; *Renner*, DStR 2001, 1988; *Rohlfing*, NZG 2003, 854, 856 f.; Staudinger/*Kessal-Wulf*, BGB, Neubearb. 2001, § 9 VerbrKrG Rn. 45 (zu § 9 VerbrKrG); *Strube*, BKR 2003, 802, 803 f.; *Tiedtke*, EWiR § 705 BGB 1/04, 177, 178; für die zweigliedrige stille Gesellschaft (s. dazu noch unten V 2) auch *W. Bayer/Riedel*, NJW 2003, 2567, 2570 ff.

[64] OLG Rostock, Urt. v. 1.3.2001 – 1 U 122/99, ZIP 2001, 1009, 1011 = WM 2001, 1413, 1415 (betr. Publikumsgesellschaft); OLG Jena, Urt. v. 26.2.2003 – 4 U 786/02, ZIP 2003, 1444, 1447 = DB 2003, 766, 767 f. (betr. stille Gesellschaft); OLG Schleswig, Urt. v. 13.6.2002 – 5 U 78/01, ZIP 2002, 1244, 1247 f. = BKR 2002, 1004, 1008 f.; Urt. v. 12.12.2002 – 5 U 7/02, ZIP 2003, 121, 124 ff. = BKR 2003, 63, 67 f.

[65] OLG Jena, Urt. v. 5.2.2003 – 7 U 1305/01, OLG-NL 2003, 77, 79; OLG

die Frage hinsichtlich des Widerrufs eines Beitritts zu einem geschlossenen Immobilienfonds nach dem HWiG ausdrücklich offen gelassen;[66] mit Urteil vom 29.11.2004 hat er den Vorrang der Regeln über die fehlerhafte Gesellschaft für die zweigliedrige stille Gesellschaft (s. dazu noch unten V 2) und mit Urteil vom 18.10.2004 für die KG bejaht.[67]

3. Stellungnahme

a) Europarechtlicher Ausgangspunkt

Beschäftigt man sich mit der Frage, ob die Rechtsfolgen eines Widerrufs durch Gesellschaftsrecht modifiziert werden, so ist zunächst zu beachten, dass die verbraucherschutzrechtlichen Widerrufsrechte jedenfalls im Kern europarechtlichen Richtlinienvorgaben entsprechen. Demgegenüber handelt es sich bei den Regeln über die fehlerhafte Gesellschaft um deutsches Richterrecht, das zwar zu Gewohnheitsrecht erstarkt ist, aber damit nationales Recht bleibt.

Es liegt daher nahe, den Konflikt durch eine schlichte normenhierarchische Betrachtung zu lösen, nämlich nach dem Grundsatz des Vorrangs des Europarechts.[68] Dies setzt allerdings voraus, dass die nach deutschem Gesellschaftsrecht erzielbaren Ergebnisse tatsächlich europarechtswidrig sind. Man könnte dies zunächst mit der Erwägung verneinen, dass die *Existenz des Widerrufsrechts* als solches durch die Regeln über die fehlerhafte Gesellschaft nicht in Zweifel gezogen wird. Immerhin gelingt es dem Verbraucher durch die Ausübung des Widerrufsrechts auf jeden Fall, seine Bindung zu beenden und die damit möglicherweise einhergehenden wirtschaftlichen Belastungen (langfristige Vermögensbindung, drohender Wertverlust der Beteiligung, eventuell Nachschusspflicht) für die Zukunft zu beseitigen.

Es fragt sich allerdings, ob allein der Umstand, dass der Verbraucher sich auch nach den Regeln über die fehlerhafte Gesellschaft für die Zu-

---

München, Urt. v. 12.6.2002 – 27 U 939/01, ZIP 2003, 338, 339; OLG Karlsruhe, Urt. v. 28.8.2002 – 6 U 14/02, ZIP 2003, 202, 205; OLG Braunschweig, Urt. v. 3.9.2003 – 3 U 231/02, ZIP 2004, 28, 29, 32; OLG Hamburg, Urt. v. 10.2.2004 – 11 W 85/03, NZG 2004, 859 f.; vgl. auch OLG München, Urt. v. 20.2.2001 – 30 U 949/99, WM 2003, 191, 194 (zur Versagung des Einwendungsdurchgriffs).

[66] BGH, Urt. v. 14.6.2004 – II ZR 395/01, NJW 2004, 2731, 2734.

[67] BGH, Urt. v. 29.11.2004 – II ZR 6/03 (noch unveröff.); Urt. v. 18.10.2004 – II ZR 352/02, ZIP 2004, 2319, 2322.

[68] So etwa *Rohlfing*, NZG 2003, 854, 858 (freilich nur als eines von mehreren Argumenten).

kunft von seiner Beteiligung lösen kann, den europarechtlichen Vorgaben genügt.[69] Zwar richten sich die *Rechtsfolgen* eines Widerrufs gem. Art. 7 der Haustürgeschäftsrichtlinie nach einzelstaatlichem Recht; dies gilt insbesondere auch für die Rückerstattung geleisteter Zahlungen. Allerdings ordnet die Richtlinie in Art. 5 Abs. 2 an, dass mit dem Widerruf die Verpflichtungen aus dem Haustürgeschäft entfallen, so dass dem Verbraucher über das Recht zur Vertragsbeendigung hinaus ein Anspruch auf Rückzahlung der von ihm erbrachten Leistungen zu gewähren ist. Nicht das „ob" einer Rückgewähr, sondern lediglich das „wie", also der nähere Inhalt des Anspruchs, bleibt der Ausgestaltung durch die einzelstaatlichen Gesetzgeber vorbehalten.[70] Vorgesehen werden muss mithin im Grundsatz ein Anspruch des Verbrauchers auf Rückgewähr der geleisteten *Einlage*. Dieser Anspruch darf im Hinblick auf das europarechtliche Gebot der Effektivität des Verbraucherschutzes (*effet utile*)[71] nicht in einer Weise inhaltlich ausgestaltet werden, die eine Ausübung des Widerrufsrechts für den Verbraucher unattraktiv erscheinen lässt.[72] Nun stellen die Regeln des deutschen Gesellschaftsrechts den Verbraucher hinsichtlich der Einlagenrückgewähr keineswegs *zwangsläufig* schlechter als die europarechtlichen Vorgaben. Im Gegenteil kann bei günstigem Geschäftsverlauf das Abfindungsguthaben sogar deutlich höher sein als die geleistete Einlage. Die gesellschaftsrechtliche Rückabwicklung ist in solchen Fällen für den Anleger vorteilhafter als die verbraucherschutzrechtliche. Das ist auch im Bereich geschlossener Immobilienfonds keineswegs reine Theorie. So hatte der Bundesgerichtshof[73] mehrfach über Sachverhalte zu befinden, bei denen das Abfindungsguthaben jedenfalls nicht unter dem Einlagebetrag lag. In diesen Fällen war es dem Kläger offenbar lediglich darum gegangen, sich aus der langfristigen Bindung und nicht von der Teilhabe an bereits erwirtschafteten Verlusten zu befreien. Der Umstand, dass die Regeln über die fehlerhafte Gesellschaft zu einem günstigeren Ergebnis führen können als die verbraucherschutzrechtliche Abwicklung, kann allerdings nicht

---

[69] Ausdrücklich verneinend etwa *Rohlfing*, NZG 2003, 854, 858; der Sache nach etwa auch OLG München, Urt. v. 25.7.2002 – 24 U 494/01, ZIP 2002, 1940, 1942; a.A. OLG Stuttgart, Urt. v. 29.7.2002 – 6 U 40/02, ZIP 2002, 1885, 1891 f.

[70] Zutr. OLG Bremen, Vorlagebeschl. v. 27.5.2004 – 2 U 20/02, 23/02 und 53/02, NJW 2004, 2238, 2240 f. = NZM 2004, 516, 518 f.

[71] OLG Bremen, Vorlagebeschl. v. 27.5.2004 – 2 U 20/02, 23/02 und 53/02, NJW 2004, 2238, 2241 = NZM 2004, 516, 518.

[72] Insoweit im Ansatz zutr. *Rohlfing*, NZG 2003, 854, 858.

[73] BGH, Urt. v. 24.5.1993 – II ZR 136/92, NJW 1993, 2107, 2108; Urt. v. 2.7.2001 – II ZR 304/00, BGHZ 148, 201, 208 = NJW 2001, 2718, 2720; Urt. v. 18.10.2004 – II ZR 352/02, ZIP 2004, 2319, 2322.

darüber hinwegtäuschen, dass *in aller Regel* eine Rückabwicklung nach Rücktrittsregeln für den Verbraucher vorteilhafter ist als eine solche nach den gesellschaftsrechtlichen Regeln. Selbst wenn nur in einzelnen Fällen die Rückabwicklung zur Ergebnissen führen würde, die den Widerruf als wirtschaftlich unattraktiv erscheinen lassen, verstieße dies grundsätzlich gegen die europarechtlichen Vorgaben.

Trotzdem wäre es zu kurz gegriffen, wenn man allein unter Hinweis auf den Vorrang des Europarechts die Anwendung der Regeln über die fehlerhafte Gesellschaft ablehnen würde. Geboten ist vielmehr eine nähere Betrachtung der Zwecke, denen diese Regeln dienen. Dabei wird sich erweisen, dass der Beitrittsvertrag zu einer Gesellschaft in entscheidender Hinsicht nicht mit einem Austauschvertrag vergleichbar ist, auf den die verbraucherschutzrechtlichen Widerrufsregeln zugeschnitten sind.

b) Zwecke der Regeln über die fehlerhafte Gesellschaft

Zur Begründung der Regeln über die fehlerhafte Gesellschaft werden folgende Zwecke angeführt: die Vermeidung von Abwicklungsschwierigkeiten, der Gläubigerschutz und der Schutz der Mitgesellschafter.[74]

aa) Vermeidung von Abwicklungsschwierigkeiten

Vielfach wird darauf verwiesen, dass durch eine Anwendung der Regeln über die fehlerhafte Gesellschaft *unüberwindbare Rückabwicklungsprobleme* vermieden werden sollen.[75] Wirklich unüberwindbar sind die sich ergebenden Schwierigkeiten indessen nicht. Anderenfalls ließe sich die Lage auch dort nicht bewältigen, wo die Regeln über die fehlerhafte Gesellschaft anerkanntermaßen nicht gelten, also insbesondere beim Vertragsschluss durch Minderjährige oder bei Sittenwidrigkeit der Beteiligung (s. dazu noch unten IV 3). Es trifft freilich zu, dass die Rückabwicklung nicht selten aufwendig und auch streitträchtig sein wird. Gerade in den hier interessierenden Fällen hält sich der Aufwand allerdings in überschaubaren

---

[74] S. etwa BGH, Urt. v. 12.5.1954 – II ZR 167/53, BGHZ 13, 320, 324 = NJW 1954, 1562; Urt. v. 29.6.1970 – II ZR 158/69, BGHZ 55, 5, 8 = NJW 1971, 375; s. auch Urt. v. 10.12.1973 – II ZR 53/72, BGHZ 62, 20, 26 f. = NJW 1974, 498, 501; *K. Schmidt* (Fn. 1), § 6 I 3 (S. 140); *Blaurock*, Handbuch Stille Gesellschaft, 6. Aufl. 2003, Rn. 11.3.

[75] So etwa *F. Wagner*, LMK 2004, 189; vgl. auch RG, Urt. v. 13.11.1940 – II 44/40, RGZ 165, 193, 199 f. (es drohe sonst eine „unerträgliche[n] Verwirrung"); *Goette*, DStR 1996, 266, 267: „unabsehbare" Schwierigkeiten.

Grenzen.[76] Dies liegt daran, dass nach Ausübung eines verbraucherschutzrechtlichen Widerrufsrechts nicht Bereicherungsrecht anzuwenden ist, bei
dem es – insbesondere wegen § 818 Abs. 3 BGB – zu solchen Problemen
kommen kann. Vielmehr enthält schon § 3 HWiG eine den Rücktrittsregeln der §§ 346 ff. BGB vergleichbare Regelung. Seit dem 1.10.2000
verweist das Gesetz (zunächst § 361 a Abs. 2 BGB, seit 1.1.2002 § 357
Abs. 1 S. 1 BGB) sogar direkt auf die Rücktrittsvorschriften. Es bleibt
ein gewisser Verwaltungsaufwand. Ein gewichtiges Hindernis für die
Rückabwicklung ist darin jedoch nicht zu erblicken.

bb) Gläubigerschutz

Die Regeln über die fehlerhafte Gesellschaft dienen zudem den Interessen von *Gläubigern* der Gesellschaft.[77] Allerdings haftet der Anleger
eines geschlossenen Fonds in aller Regel ohnehin nicht persönlich nach
außen. Dies gilt nicht nur für die Kommanditbeteiligung, sondern auch
für die Beteiligung an einer BGB-Gesellschaft. In diesem Bereich ist
eine Beschränkung der Haftung auf das Gesellschaftsvermögen durch
AGB nach der Rechtsprechung des Bundesgerichtshofs selbst nach deren
genereller Verschärfung und nach der Anerkennung der akzessorischen
Gesellschafterhaftung zulässig;[78] die Gestaltungspraxis macht hiervon auch
Gebrauch.

　In Betracht kommt aber ein Vertrauen der Gläubiger darauf, dass die
von den Gesellschaftern geleisteten Einlagen und ggf. auch Nachschüsse
dem Gesellschaftsvermögen dauerhaft erhalten bleiben. Allerdings können
die Gläubiger angesichts dessen, dass im Personengesellschaftsrecht kein
Kapitalerhaltungsgrundsatz gilt, nicht darauf vertrauen, dass ihnen eine
bestimmte Haftungsmasse zur Verfügung steht. Andererseits hängen, wie
der Bundesgerichtshof[79] im Kontext der Arglistanfechtung ausgeführt hat,
Kapitalkraft und Kreditwürdigkeit eines Verbandes entscheidend davon
ab, dass die Beitrittserklärungen seiner Mitglieder rechtsbeständig sind.

---

[76] So auch *Mankowski,* WuB IV D § 1 HWiG 1.01.

[77] S. nur BGH, Urt. v. 2.7.2001 – II ZR 304/00, BGHZ 148, 201, 207
= NJW 2001, 2718, 2720 (sub 3 a); OLG Bamberg, Urt. v. 16.2.2004 – 4 U
66/03, NZG 2004, 861, 862.

[78] BGH, Urt. v. 21.1.2002 – II ZR 2/00, BGHZ 150, 1, 5 f. = NJW 2002,
1642; dafür auch *Armbrüster,* ZGR 2005, 34, 44 f.; *Ulmer,* ZIP 2003, 1113,
1119; zweifelnd *W. Bayer,* EWiR § 705 BGB 5/03, 405, 406; a.A. *Reiff,* ZGR
2003, 550, 575; *Wössner,* ZIP 2003, 1235, 1237; differenzierend *Hasenkamp,*
BB 2004, 230, 235 ff.

[79] BGH, Urt. v. 11.3.1976 – II ZR 127/74, WM 1976, 475, 476; zust. *C.
Schäfer,* JZ 2002, 249, 250.

Die Interessen der Gläubiger sind damit durchaus betroffen.[80] Ob ihnen der Vorzug vor den europarechtlich gewährleisteten Verbraucherinteressen gebührt, ist freilich zweifelhaft.[81]

cc) Schutz der übrigen Gesellschafter

Es kommt allerdings ein weiterer Gesichtspunkt hinzu. Geschützt werden durch die Regeln über die fehlerhafte Gesellschaft auch die *Mitgesellschafter*.[82] Deren Interessen sind durch die verbraucherschutzrechtlichen Widerrufsregeln gleich in mehrfacher Hinsicht betroffen: Die Mitgesellschafter haben ein Interesse daran, dass die *Beteiligungsbasis* (also der Gesellschafterkreis) sich nicht schmälert, indem Gesellschafter vorzeitig außerordentlich ausscheiden. Dasselbe gilt hinsichtlich der *Liquiditätsbasis*. Zudem sind sie daran interessiert, die *Kapitalbasis* (also das gesamte Gesellschaftsvermögen) nicht dadurch zusätzlich zu verringern, dass ausscheidenden Gesellschaftern ein höherer Betrag als das auf ihre Beteiligung entfallende Auseinandersetzungsguthaben ausbezahlt wird. Schließlich haben solche Gesellschafter, die ihrerseits gleichfalls zur Rückgängigmachung ihrer Beteiligung berechtigt sind, ein Interesse daran, nicht einem *Wettlauf* („Windhunderennen") um das Gesellschaftsvermögen ausgesetzt zu sein, bei dem sie zu unterliegen drohen.

Bei den weiteren Anlegern wird es sich nun in aller Regel ebenfalls um *Verbraucher* handeln. Daraus folgt, dass es bei der hier interessierenden Frage letztlich darum geht, einen *Konflikt gegenläufiger Verbraucherinteressen* zu lösen.[83] Darin liegt der entscheidende Unterschied zu den klassischen Anwendungsfällen des Haustürgeschäftswiderrufsrechts, nämlich den Austauschverträgen, bei denen typischerweise den Interessen des Verbrauchers allein diejenigen eines Unternehmers gegenüberstehen (s. bereits oben I). Weder die Haustürgeschäftsrichtlinie noch das HWiG sind auf diese Situation ausgerichtet; keinem der Regelwerke lassen sich unmittelbare Hinweise zur Lösung des Konflikts entnehmen.

---

[80] S. auch *H.P.Westermann*, ZIP 2002, 240, 243; a.A. *Strube*, BKR 2003, 802, 803 f.; dagegen zutr. *C. Schäfer*, JZ 2004, 258.

[81] Insoweit zutr. *Mankowski*, WuB IV D. § 1 HWiG 1.01, S. 1205.

[82] Deutlich BGH, Urt. v. 2.7.2001 – II ZR 304/00, BGHZ 148, 201, 207 = NJW 2001, 2718, 2720 (sub 3 a); ferner Urt. v. 11.3.1976 – II ZR 127/74, WM 1976, 475, 476 = NJW 1976, 1635 (Ls., zur Genossenschaft). S. auch OLG Rostock, Urt. v. 1.3.2001 – 1 U 122/99, ZIP 2001, 1009, 1011 = WM 2001, 1413, 1415; OLG Braunschweig, Beschl. v. 5.2.2003 – 3 U 266/02, ZIP 2003, 1154, 1155; OLG Bamberg, Urt. v. 16.2.2004 – 4 U 66/03, NZG 2004, 861, 862; *Lenenbach*, WM 2004, 501, 502, 510; *H.P. Westermann*, ZIP 2002, 240, 249.

[83] Der Sache nach so auch *Krohn/C. Schäfer*, WM 2000, 112, 118.

c) Auflösung des Konflikts gegenläufiger Verbraucherinteressen

aa) Interessenausgleich im Sinne praktischer Konkordanz

Unternimmt man es, den Konflikt gegenläufiger Verbraucherinteressen zu lösen, so ist stets im Blick zu behalten, dass dieser Konflikt sich *innerhalb einer Gesellschaft* abspielt. Alle Anleger haben Einlagen erbracht, mit denen ein gemeinsamer Zweck verwirklicht werden sollte. Wenn einzelne Beteiligungsverhältnisse unter einem Fehler leiden (wie hier der Widerrufbarkeit), so ändert dies nichts daran, dass sämtliche Anleger jedenfalls eine *Risikogemeinschaft* bilden.[84] Der einzelne Anleger hätte sein Ziel, mit einer überschaubaren Einlage an den Chancen des Gesamtprojekts teilzuhaben, ohne die Mitwirkung der übrigen Anleger gar nicht erreichen können.[85] Diese übrigen Anleger waren weder an der den Fehler begründenden Handlung – also an der nicht ordnungsgemäßen Widerrufsbelehrung – beteiligt noch hätten sie darauf hinwirken können, dass das Beitrittsverhältnis fehlerfrei begründet wird. Dafür fehlt es an der nötigen persönlichen Verbundenheit mit dem Initiator oder dem geschäftsführenden Gesellschafter. Dies spricht dagegen, den übrigen Anlegern nun das Risiko eines ungünstigen Geschäftsverlaufs einseitig aufbürden. Genau dazu käme es aber, wenn dem ausscheidenden Anleger unabhängig von den auch mit seiner Einlage erwirtschafteten Ergebnissen die Rückforderung dieser Einlage ermöglicht würde.[86] Letztlich würde man dem widerrufenden Anleger – also etwa dem Rechtsanwalt in dem eingangs erwähnten Beispielsfall – damit eine Art *Reurecht*[87] einräumen. Er könnte zunächst die

---

[84] *Armbrüster*, ZfIR 2004, 929, 930; *Lenenbach*, WM 2004, 501, 503; *Wälzholz*, DStR 2003, 1533 f.; vgl. auch *Habersack*, in: Hadding/Nobbe (Fn. 18), S. 235, 250: bei typischen Immobiliengesellschaften stehe der „Gemeinschaftscharakter" im Vordergrund; abw. *Rohlfing*, NZG 2003, 855, 856 (regelmäßig keine Risikogemeinschaft bei zweigliedriger stiller Beteiligung). S. ferner BGH, Urt. v. 29.6.1970 – II ZR 158/69, BGHZ 55, 5, 8 = NJW 1971, 375; OLG Dresden, Urt. v. 19.6.2002 – 8 U 630/02, BB 2002, 1776, 1777. Dies ist beim partiarischen Darlehen im Grundsatz anders (a.A. *Goette*, DStR 1996, 266, 269), auch wenn die Abgrenzung zur stillen Gesellschaft bisweilen als schwierig erscheint.

[85] Diesen Aspekt betont auch *H.P. Westermann*, ZIP 2002, 189, 200; *ders.*, ZIP 2002, 240, 249.

[86] Das übergeht *Mankowski*, WuB IV D. § 1 HWiG 1.01, S. 1205.

[87] Zum Aspekt des Reurechts s. auch *Hueck/Windbichler* (Fn. 1), § 18 Rn. 32; *H.P.Westermann*, ZfIR 2003, 680, 681; ferner *Armbrüster*, DZWir 1997, 281, 286 (im Kontext der Treuwidrigkeit der Geltendmachung eines Formmangels); abw. OLG Stuttgart, Urt. v. 15.1.2001 – 6 U 35/00, ZIP 2001, 322, 323 (für Unbeachtlichkeit der Motive).

Entwicklung des Fonds abwarten und dann, wenn sie sich als ungünstig erweist, das Widerrufsrecht ausüben. Ein solches spekulatives Verhalten ist hinzunehmen, wenn es sich allein zu Lasten dessen auswirkt, der eine ordnungsgemäße Widerrufsbelehrung versäumt hat. Insoweit geht von der sehr weit reichenden Regelung eines (im Fall des § 355 Abs. 3 S. 3 BGB) unbefristeten Widerrufsrechts auch eine zwar scharfe, als solche aber angesichts der Zumutbarkeit einer ordnungsgemäßen Belehrung durchaus akzeptable präventive Wirkung aus. Im hier interessierenden Fall würde die Spekulation hingegen auf Kosten der übrigen Gesellschafter betrieben, die für jenen Fehler nicht verantwortlich sind und die demgemäss auch von einer Präventionswirkung überhaupt nicht erreicht werden könnten.

Hinzu kommt der bereits genannte Aspekt, dass unter den zur Rückforderung berechtigten Anlegern ein *Wettlauf* droht („Windhunderennen"):[88] Wer schnell ist, erlangt die volle Einlage zurück; die übrigen widerrufenden Anleger haben das Nachsehen, und zwar insbesondere dann, wenn die Gesellschaft aufgrund der Erfüllung der zuerst geltend gemachten Rückzahlungsverlangen in die Insolvenz getrieben wird. Dies widerspricht dem Gebot einer gleichmäßigen Behandlung aller betroffenen Gesellschafter.[89] Dagegen lässt sich auch nicht einwenden, dass sämtlichen Gesellschaftsgläubigern mit dem Insolvenzverfahren ein geordneter Weg zur Verfügung steht, um einen gerechten Interessenausgleich zu erzielen.[90] Der Wettlauf unter den rückforderungsberechtigten Anlegern droht nämlich bereits in einem Stadium, in dem die laufenden Erträge des Fonds zwar hinter den Erwartungen zurückbleiben, Insolvenzreife jedoch noch nicht eingetreten ist.

Diese Gesichtspunkte sprechen entscheidend dafür, den Schutzinteressen der Mitgesellschafter in der Weise den Vorrang einzuräumen, wie dies

---

[88] Darauf abhebend auch OLG Bamberg, Urt. v. 18.8.2003 – 4 U 213/02, NJW-RR 2004, 974, 975 = NZG 2004, 129, 130; Urt. v. 16.2.2004 – 4 U 66/03, NZG 2004, 861, 862; *Bertram*, Die Anwendung des Einwendungsdurchgriffs gemäß § 359 BGB auf den Beitritt zu einer Publikumsgesellschaft, 2004, S. 186 f.; *Lenenbach*, WM 2004, 501, 503; *Loritz*, DB 2004, 2459; *M. Schwab*, ZGR 2004, 861, 892. Ebenso im Kontext der Arglistanfechtung OLG Celle, Urt. v. 20.1.1999 – 9 U 155/98, NJW-RR 1999, 1337, 1338.

[89] Zu diesem Gebot s. etwa BGH, Urt. v. 6.2.1958 – II ZR 210/56, BGHZ 26, 330, 336 = NJW 1958, 668; OLG München, Urt. v. 12.6.2002 – 27 U 939/01, ZIP 2003, 338, 339; vgl. auch *Wiedemann*, Gesellschaftsrecht, Bd. II, 2004, § 2 IV 3 c (S. 144; unter Hinweis auf Art. 3 GG als auch für das Gesellschaftsrecht bedeutsames Rechtsprinzip).

[90] So aber OLG Jena, Urt. v. 26.2.2003 – 4 U 786/02, ZIP 2003, 1444, 1447 = DB 2003, 766, 767 f.

die Regeln über die fehlerhafte Gesellschaft vorsehen.[91] Damit lässt sich ein sachgerechter Interessenausgleich im Sinne einer praktischen Konkordanz erreichen: Die Interessen der übrigen Anleger werden keineswegs absolut gesetzt; vielmehr müssen letztere ja auch nach den Regeln über die fehlerhafte Gesellschaft das Ausscheiden des Anlegers und damit eine Schmälerung der Beteiligungsbasis (und auch der Liquidität der Gesellschaft) hinnehmen, obwohl sie für die Fehlerhaftigkeit der Beteiligung nicht verantwortlich sind. Es wird ihnen jedoch nicht einseitig das mit einer Fondsbeteiligung verbundene finanzielle Risiko in der Weise aufgebürdet, dass Gesellschafter ihre Einlage wegen Fehlern zurückerlangen, die den Mitgesellschaftern nicht anzulasten sind. Zugleich wird ein Wettlauf unter den zum Widerruf berechtigten Gesellschaftern vermieden.

Die Belastung, die den ausscheidenden Anleger damit trifft, erweist sich auch im Vergleich zu anderen Fällen als angemessen, in denen die Regeln über die fehlerhafte Gesellschaft angewandt werden. So wird insbesondere auch der beim Beitritt arglistig getäuschte Gesellschafter grundsätzlich auf das Auseinandersetzungsguthaben verwiesen.[92] Es würde einen Wertungswiderspruch bedeuten, wenn der (lediglich) nicht ordnungsgemäß über sein Widerrufsrecht belehrte Anleger besser gestellt wäre.[93]

Was den Schutz des seine Beitrittserklärung widerrufenden Anlegers angeht, so ist zudem bedeutsam, dass häufig neben dem gegen die Gesellschaft gerichteten Anspruch auf das Auseinandersetzungsguthaben auch *Schadensersatzansprüche* gegen die Initiatoren, Gründungsgesellschafter und sonstigen „Hintermänner" des Fonds bestehen werden.[94] Bei finanzierten Beteiligungen kommen zudem verschiedene Rechte gegenüber der Bank in Betracht. Die Voraussetzungen hierfür hat der *II. Zivilsenat* des Bundesgerichtshofs in mehreren Urteilen vom 14.6.2004[95] sehr niedrig gehalten.

---

[91] Ähnlich *C. Schäfer* (Fußn. 110), S. 281 f.; BGH ZIP 2001, 1364, 1366 (betr. Publikums-BGB-Gesellschaft); a.A. OLG Rostock ZIP 2001, 1009, 1011 (betr. Publikumsgesellschaft).

[92] S. noch unten bei Fn. 119.

[93] Zutr. *Krohn/C. Schäfer*, WM 2000, 112, 118 (zum Genossenschaftsbeitritt); *J. Lang*, ZfIR 2003, 852, 855; *Lenenbach*, WM 2004, 501, 503; *Louven*, BB 2001, 1807, 1809; *M. Schwab*, ZGR 2004, 861, 892; a.A. *Mankowski*, WuB IV D. § 1 HWiG 1.01, S. 1205.

[94] Dies betont zu Recht OLG Hamburg, Urt.v. 10.2.2004 – 11 W 85/03, NZG 2004, 859, 860.

[95] BGH, Urt. v. 14.6.2004 – II ZR 395/01, NJW 2004, 2731, 2732 ff.; Urt. v. 14.6.2004 – II ZR 393/02, NJW 2004, 2736, 2737 ff.; s. dazu *Doehner/ J. Hoffmann*, ZIP 2004, 1884 ff.; *Nittel*, NJW 2004, 2712 ff.; *C. Schäfer*, DStR 2004, 1611 ff.

Bildet der Fondsbeitritt mit einem Verbraucherdarlehen ein verbundenes Geschäft, wofür bereits eine gemeinsame Vertriebsorganisation genügen soll, so muss der Anleger nicht die Darlehensvaluta zurückzahlen, sondern lediglich seine Beteiligung an die Bank abtreten. Zugleich kann er die ihm gegen die Initiatoren usw. zustehenden Schadensersatzansprüche auch gegen die Bank geltend machen. Damit steht ihm ein in der Regel solventer Schuldner zur Verfügung. Mag auch die Verantwortlichkeit der Bank damit sehr weit ausgedehnt werden – wozu hier nicht näher Stellung genommen werden soll –, so ist dem *II. Zivilsenat* jedenfalls zu bescheinigen, dass er den Schutz des betroffenen Anlegers zutreffend nicht innerhalb der Gesellschaft und damit zu Lasten der übrigen Gesellschafter zu erreichen versucht, sondern den Blick auf das Umfeld der Fondsgesellschaft und des Fondsbeitritts richtet.[96] Als nicht unproblematisch erscheint freilich, dass über die Verantwortlichkeit der Bank demjenigen Anleger, der seine Fondsbeteiligung fremdfinanziert hat, im wirtschaftlichen Ergebnis ein erheblich besserer Schutz verschafft wird als demjenigen, der die Einlage aus eigenen Mitteln aufgebracht hat und der nun auf die Erreichbarkeit und Solvenz der „Hintermänner" des Fonds hoffen muss. Besonders deutlich tritt der Unterschied bei einer nur *teilweise* fremdfinanzierten Beteiligung zutage: In diesem Fall soll der Anleger nach der neuen Rechtsprechung gegen die Bank einen Anspruch auf Auszahlung des eigenfinanzierten Teilbetrages haben.[97] Letztlich werden damit zwei Anlegerklassen geschaffen. Zu bedenken ist freilich, dass die Differenzierung letztlich bereits in der gesetzlichen Wertung angelegt ist, wonach der ein Darlehen aufnehmende Verbraucher besonders geschützt wird. Wer demgegenüber eine Verpflichtung eingeht, die sich ausschließlich auf bereits vorhandenes eigenes Vermögen bezieht, erlangt keinen vergleichbaren Schutz. Damit wird der Tatsache Rechnung getragen, dass eine Verschuldung für den Darlehensnehmer besondere, weit in die Zukunft reichende Belastungen mit sich bringen kann. Dem Darlehensgeber wächst damit ein besonderes Maß an Verantwortung zu. Ingesamt bleibt festzuhalten, dass der widerrufende Verbraucher keineswegs schutzlos ist, wenn man ihm im Hinblick auf die entgegenstehenden Interessen der übrigen Anleger die Rückforderung der geleisteten Einlage von der Gesellschaft versagt.

---

[96] Vgl. auch *Leisch*, LMK 2004, 180, 181 (zum Einwendungsdurchgriff bei finanzierter Fondsbeteiligung).

[97] BGH, Urt. v. 14.6.2004 – II ZR 393/02, NJW 2004, 2736, 2740.

bb) Vereinbarkeit mit den europarechtlichen Vorgaben

Das gefundene Ergebnis – Anwendbarkeit der Regeln über die fehlerhafte Gesellschaft – erweist sich zugleich als mit den *europarechtlichen* Vorgaben der Haustürgeschäftsrichtlinie vereinbar.[98] Dabei ist zunächst zu beachten, dass die Richtlinie ebenso wie das HWiG auf Austauschverträge zugeschnitten ist, bei denen dem Verbraucher ausschließlich ein Unternehmer gegenübersteht (s. bereits oben II 3). In diesen Fällen besteht keinerlei Anlass, den Empfänger der Leistungen dadurch zu schonen, dass man den Rückabwicklungsanspruch des Verbrauchers modifiziert. Wie aufgezeigt, liegen die Dinge bei der Fondsbeteiligung völlig anders. Der möglichst schonende Ausgleich der beteiligten widerstreitenden Verbraucherinteressen, um den es hier geht, dient einem Ziel, das auch auf europäischer Ebene beachtlich ist. Dogmatischer Ansatzpunkt dafür, die nach der Richtlinie grundsätzlich gebotene Rückabwicklung zu modifizieren, ist eine am *übergeordneten europarechtlichen Ziel des Verbraucherschutzes* orientierte Auslegung der Richtlinienvorgabe. Der Förderung der Interessen der Verbraucher und der Gewährleistung eines hohen Verbraucherschutzniveaus kommt innerhalb der Union besonderes Gewicht zu (s. Art. 153 EGV). Zugleich ist, wie der Europäische Gerichtshof entschieden hat, „jede Vorschrift des Gemeinschaftsrechts in ihrem Zusammenhang zu sehen und im Lichte des gesamten Gemeinschaftsrechts, seiner Ziele und seines Entwicklungsstands [...] auszulegen".[99] Dabei handelt es sich um die ganz im Vordergrund stehende Maxime für die Auslegung privatrechtsangleichender EG-Richtlinien.[100] Im Rahmen der Auslegung der Haustürgeschäftsrichtlinie besteht daher Raum dafür, das Gebot vollständiger Rückabwicklung der Beteiligung insoweit zu modifizieren, als vorrangige gegenläufige Verbraucherschutzinteressen dies gebieten.[101] Die Interessen des widerrufenden und die der übrigen Verbraucher lassen sich damit auch europarechtlich im Sinne einer praktischen Konkordanz zum Ausgleich bringen. Dies gilt nicht allein hinsichtlich derjenigen weiteren Verbraucher, die ihrerseits zum

---

[98] So auch *M. Schwab*, ZGR 2004, 861, 892; gegen *N. Fischer*, DB 2003, 83, 86 (sub 2 a.E.); *Rohlfing*, NZG 2003, 854, 858.

[99] EuGH, Urt. v. 6.10.1982 – Rs. 283/81, Slg. 1982, 3415, 3430 (Rn. 20; C.I.L.F.I.T.).

[100] *Marek Schmidt*, RabelsZ 59 (1995), 569, 579; s. auch *Bleckmann*, Europarecht, 6. Aufl. 1997, Rn. 547 (Auslegung nach den Vertragszielen); *M. Frisch*, Die richtlinienkonforme Auslegung nationalen Rechts, 2000, S. 36, 45 f.; *Oppermann*, Europarecht, 2. Aufl. 1999, Rn. 685 („Geist der Verträge"), 688 (gemeinschaftsrechtskonforme Auslegung des sekundären Europarechts).

[101] In dieser Richtung auch *Krohn/C. Schäfer*, WM 2000, 112, 123 (im Kontext des Genossenschaftsbeitritts).

Widerruf berechtigt sind und die folglich vom unmittelbaren Zweck der Richtlinie, vor den Folgen situationsbedingter Übereilung zu schützen, erfasst werden.[102] Das übergeordnete Gemeinschaftsziel eines hohen Verbraucherschutzniveaus gebietet es vielmehr zugleich, nicht solche Verbraucher durch die strenge Auslegung einer Richtlinie zu belasten, die zwar von deren unmittelbarem Ziel (Schutz vor Überrumpelung) in concreto nicht (mehr) begünstigt werden, die aber auch keine Verantwortung für die Fehlerhaftigkeit des Beitritts des widerrufenden Verbrauchers trifft. Es kann nicht im Sinne der Richtlinie – die an Austauschverträgen orientiert ist und den hier drohenden Konflikt gar nicht im Blick hat – sein, entgegen dem allgemeinen Verbraucherschutzziel einer Gruppe von Verbrauchern hier ein Sonderopfer abzuverlangen, um eine andere bestmöglich zu schützen.[103] Diesen Aspekt übergeht jene Ansicht,[104] die allein auf den Wortlaut und Zweck der einzelnen Richtlinie abstellt, ohne das übergeordnete Ziel des Verbraucherschutzes zu beachten. Hinzu kommt, dass auch im europarechtlichen Kontext die Anstrengungen der jüngsten BGH-Rechtsprechung, einen effektiven Schutz des Verbrauchers vor dem endgültigen wirtschaftlichen Verlust seiner Einlage zu erreichen, bedeutsam sind, und zwar unter dem Blickwinkel, dass sich die Rechtsfolgen des Widerrufs gem. Art. 7 der Haustürgeschäftsrichtlinie nach einzelstaatlichem Recht richten (s. dazu bereits oben a). Wird die Rückgewähr nicht über einen Anspruch auf Einlagerückzahlung gegen die Gesellschaft, sondern jedenfalls in vielen Fällen über eine Haftung von Initiatoren usw. sowie Banken effektiv gesichert, so lässt sich dies als noch innerhalb der Ausgestaltungskompetenz der einzelstaatlichen Rechtsordnung liegend ansehen.[105] Diese Sichtweise entspricht dem Zweck des Art. 7 Haustürgeschäftsrichtlinie, eine systematisch stimmige Einfügung der Widerrufsfolgen in das jeweilige nationale Recht zu ermöglichen.[106]

---

[102] Auf sie konzentriert sich die Argumentation von *M. Schwab*, ZGR 2004, 861, 892.

[103] So auch *Krohn/C. Schäfer*, WM 2000, 112, 123 (im Kontext des widerrufbaren Beitritts zu einer Genossenschaft).

[104] *Rohlfing*, NZG 2003, 854, 858.

[105] Vgl. auch *H.P. Westermann*, ZfIR 2003, 680, 681.

[106] Vgl. dazu allg. *M. Frisch* (Fn. 100), S. 34.

IV. Weitere Tatbestandsvoraussetzungen
der Regeln über die fehlerhafte Gesellschaft

Die bisherigen Überlegungen haben gezeigt, dass der *Anwendungsbereich* der Regeln über die fehlerhafte Gesellschaft auch hinsichtlich verbraucherschutzrechtlicher Widerrufsrechte eröffnet ist. An dieser Stelle ist auf die *weiteren Tatbestandsvoraussetzungen* einzugehen. Sie lauten: Das Gesellschaftsverhältnis ist nach allgemeinen Regeln nichtig oder rückwirkend vernichtbar;[107] der Beitritt ist in Vollzug gesetzt[108] und es stehen keine höherrangigen Schutzinteressen entgegen.[109]

1. Nach allgemeinen Regeln zur Nichtigkeit führender Fehler

Was einen nach allgemeinen Regeln zur Nichtigkeit ex tunc führenden Fehler angeht, so ist vereinzelt bestritten worden, dass die Widerrufbarkeit des Beitritts nach dem HWiG oder dem VerbrKrG einen solchen Fehler darstellt.[110] Da die Willenserklärung des Verbrauchers nach jenen Regelungen schwebend unwirksam ist, solange sie widerrufen werden kann, liege kein Beitritt vor. Indessen setzen die Regeln von der fehlerhaften Gesellschaft lediglich voraus, dass der Tatbestand der Willenserklärung erfüllt ist, nicht aber, dass die Erklärung wirksam ist.[111] Was die zur

---

[107] S. nur BGH, Urt. v. 24.10.1951 – II ZR 18/51, BGHZ 3, 285, 287 = NJW 1952, 97; OLG Jena, Urt. v. 26.2.2003 – 4 U 786/02, ZIP 2003, 1444, 1446 = DB 2003, 766, 767 f.; *Lenenbach*, WM 2004, 501, 502.

[108] St. Rspr.; BGH, Urt. v. 24.10.1951 – II ZR 18/51, BGHZ 3, 285, 288 = NJW 1952, 97; Urt. v. 12.5.1954 – II ZR 167/53, BGHZ 13, 320, 321 f. = NJW 1954, 1562.

[109] BGH, Urt. v. 29.6.1970 – II ZR 158/69, BGHZ 55, 5, 9 = NJW 1971, 375, 377; *Baumbach/Hopt*, HGB, 31. Aufl. 2003, § 105 Rn. 83; *Kort*, Bestandsschutz fehlerhafter Strukturänderungen im Kapitalgesellschaftsrecht, 1998, S. 33 ff.; *Ulmer*, in: MünchKomm-BGB (Fn. 52), § 705 Rn. 326 ff.; a.A. *K. Schmidt* (Fn. 1), § 6 III 3 (S. 149 ff.); *ders.*, AcP 186 (1986) 421, 444 ff.; ferner *Grunewald* (Fn. 1), 1 A Rn. 162, die auf die fehlende Erkennbarkeit der Nichtigkeit oder Unwirksamkeit des Gesellschaftsverhältnisses für Dritte und auf die Vorteile einer ordnungsgemäßen Liquidation auch im Gläubigerinteresse hinweist; abw. auch *C. Schäfer* (Fn. 53), S. 257 ff., 287, der die Einschränkungen der Rechtsprechung nur auf Innengesellschaften bezieht, für die die Regeln über die fehlerhafte Gesellschaft ohnehin nicht anzuwenden seien.

[110] So LG Bonn, Urt. v. 27.11.1997 – 8 S 115/97, MDR 1998, 337 f.

[111] Zutr. *Krohn/C. Schäfer*, WM 2000, 112, 116 f.; *Louven*, BB 2001, 1807, 1809 gegen LG Bonn (Fn. 111).

anfänglichen Nichtigkeit führende Fehlerhaftigkeit des Beitritts an-
belangt, so ergibt sich ein konstruktiver Unterschied, je nachdem, auf
welche Vorschrift das Widerrufsrecht gestützt wird. Bei einem Widerruf
nach dem bis zum 30.9.2000 geltenden § 1 Abs. 1 HWiG liegt, da der
Beitritt schwebend unwirksam war, eine anfängliche Fehlerhaftigkeit
vor. Nach der Konzeption des neuen § 355 Abs. 1 S. 1 BGB (bis zum
31.12.2001: § 361 a Abs. 1 S. 1 BGB) ist der Beitrittsvertrag hingegen
zunächst schwebend wirksam;[112] der Widerruf führt nach verbreitetem
Verständnis[113] lediglich *ex nunc* zur Umwandlung der Beteiligung in ein
Rückgewährschuldverhältnis. Demnach verbliebe bei einem Widerruf nach
neuem Recht dann kein Raum für die Anwendung der Regeln über die
fehlerhafte Gesellschaft, wenn man gerade auf die ex tunc-Nichtigkeit
nach den allgemeinen Regeln abstellt. Die damit aufgeworfene Frage, ob
aus der Gesetzesänderung abweichende Ergebnisse folgen, hat bislang im
Schrifttum nur wenig Beachtung gefunden.[114] Dies dürfte nicht zuletzt
damit zusammenhängen, dass die Gerichte erst künftig mit auf das neue
Recht gestützten Widerrufserklärungen hinsichtlich Fondsbeteiligungen
befasst werden. Der Gesetzgeber wird jene gesellschaftsrechtliche „Fernwir-
kung" der Umstellung von schwebender Unwirksamkeit auf schwebende
Wirksamkeit nicht bedacht haben. Die Interessenlage der Beteiligten ist
freilich auch auf der Grundlage des neuen Rechts unverändert geblieben:
Die Anwendung der Rücktrittsregeln zielt gerade darauf ab, die wirtschaftlichen Folgen der Beteiligung zu beseitigen, auch wenn konstruktiv
das Beteiligungsverhältnis als solches nicht rückwirkend entfällt. Die
schutzwürdigen Interessen der übrigen Gesellschafter sprechen daher
entscheidend dafür, auch bei der Ausübung eines Widerrufsrechts neuer
Prägung die Regeln von der fehlerhaften Gesellschaft anzuwenden.[115] Im

---

[112] Vgl. BT-Drucks. 14/2658, S. 47 (Begründung des Regierungsentwurfs);
krit. in dogmatischer Hinsicht *Grothe*, in: Bamberger/Roth, BGB, 2003, § 355
Rn. 3 (die Konstruktion der schwebenden Wirksamkeit sei unnötig; a.A. *Reiner*,
AcP 203 [2003], 1, 31).

[113] S. nur *v. Koppenfels*, WM 2001, 1360, 1364; *St. Lorenz*, JuS 2000, 833, 835;
Ring, in: AnwKomm-BGB, 2002, § 355 Rn. 13; *Ulmer*, in: MünchKomm-BGB
(Fn. 19), § 355 Rn. 33; zur Gegenansicht s. die Nachw. in Fn. 116.

[114] S. *Armbrüster/Wiese*, DStR 2003, 334, 339 f.; *Ulmer*, in: MünchKomm-BGB
(Fn. 52), § 705 Rn. 329. Unerörtert bleibt die Frage der fehlenden *rückwirkenden*
Nichtigkeit etwa bei *C. Schäfer* (Fußn. 53), S. 280; *Krohn/C.Schäfer*, WM 2000,
112, 117.

[115] *M. Schwab*, ZGR 2004, 861, 892. Allg. gegen Differenzierung zwischen
alter und neuer Rechtslage auch *K. Schmidt*, in: MünchKomm-HGB, 2002, § 230
Rn. 135 (zur stillen Gesellschaft).

Ergebnis besteht mithin auch bei Annahme einer ex nunc-Nichtigkeit kein Unterschied zu der (überzeugenden) Ansicht[116], derzufolge die Ausübung des Widerrufsrechts auch nach der Gesetzesänderung ex tunc wirkt.

2. Invollzugsetzung des Beitritts

Für die zweite Voraussetzung – *Invollzugsetzung des Beitritts* – genügt es nach verbreiteter Ansicht, dass die Einlage (zumindest teilweise) erbracht ist.[117] Dies ist deshalb überzeugend, weil mit der Leistung der Einlage die Risikogemeinschaft der Gesellschafter, die sich ja gerade auf die Teilhabe am Schicksal des gemeinsam gebildeten Gesellschaftsvermögens bezieht, sich gleichsam materialisiert.

3. Keine höherrangigen Interessen

Als entgegenstehende *höherrangige Interessen* sind insbesondere der Minderjährigenschutz und die Verbots- oder Sittenwidrigkeit des Gesellschaftszwecks anerkannt.[118] Um derartige Fälle geht es bei den hier interessierenden Fondsbeteiligungen regelmäßig nicht. Die arglistige Täuschung, die beim Fondsbeitritt eher einmal geltend gemacht wird, führt hingegen regelmäßig nicht zu einem höherrangigen Interesse.[119]

---

[116] *Reiner*, AcP 203 (2003), 1, 30; so auch für § 8 Abs. 4 VVG *Prölss*, in: Prölss/Martin, VVG, 27. Aufl. 2004, § 8 Rn. 40. Zur Gegenansicht s. die Nachw. in Fn. 113.

[117] S. nur BGH, Urt. v. 14.10.1991 – II ZR 212/90, NJW 1992, 1501, 1502; OLG Hamm, Urt. v. 26.11.2002 – 27 U 66/02, ZIP 2003, 1151, 1154; OLG Hamburg, Urt. v. 10.2.2004 – 11 W 85/03, NZG 2004, 859, 860; *Goette*, DStR 1996, 266, 268. Beim Beitritt zu einer Genossenschaft soll es sogar reichen, wenn die allgemeinen Voraussetzungen der Mitgliedschaft erfüllt sind; näher *Krohn/C. Schäfer*, WM 2000, 112, 117 f.

[118] BGH, Urt. v. 30.4.1955 – II ZR 202/53, BGHZ 17, 160, 166 (zum Minderjährigenschutz); Urt. v. 28.9.1995 – II ZR 257/94, DStR 1995, 1722 (zu § 134 BGB); Urt. v. 29.6.1970 – II ZR 158/69, BGHZ 55, 5, 9 f. = NJW 1971, 375 (zu Gesetzesverstoß, besonders grober Sittenwidrigkeit und qualifizierter Drohung oder Täuschung); OLG Frankfurt, Urt. v. 1.7.2003 – 14 U 148/02, ZIP 2004, 32, 35; OLG Bamberg, Urt. v. 18.8.2003 – 4 U 213/02, NJW-RR 2004, 974, 975 = NZG 2004, 129, 130; *Goette*, DStR 1996, 266, 270; *Hueck/Windbichler* (Fn. 1), § 13 Rn. 17; *Rohlfing*, NZG 2003, 855, 857. Teils krit. zum Ganzen *K. Schmidt* (Fn. 1), § 6 III 3 (S. 149 ff.). Im Ansatz zu weitgehend OLG Braunschweig, Urt. v. 3.9.2003 – 3 U 231/02, ZIP 2004, 28, 29 ff. (Sitten- oder Verbotswidrigkeit *des einzelnen Beitrittsgeschäfts* prüfend).

[119] BGH, Urt. v. 6.2.1958 – II ZR 210/56, BGHZ 26, 330, 335 = NJW 1958,

Bisweilen wird auch die Diskussion um den Vorrang des Verbraucherschutzes (s. dazu oben III) an dieser Stelle verortet.[120] Indessen ist man hier bereits bei der Subsumtion angelangt, und zwar bei deren letztem Punkt einer wertenden Korrektur. Bei der Frage, ob den Verbraucherschutzregeln der Vorrang gebührt, geht es hingegen bereits darum zu klären, ob überhaupt der Anwendungsbereich der Regeln über die fehlerhafte Gesellschaft eröffnet ist.

Die vorstehenden Überlegungen lassen sich zur folgenden *zweiten These* zusammenfassen: *Die Rechtsfolgen eines Widerrufs werden zum Schutz der übrigen Anleger durch die Regeln über die fehlerhafte Gesellschaft modifiziert. An die Stelle einer Rückabwicklung nach Rücktrittsregeln tritt ein Anspruch auf das Auseinandersetzungsguthaben.*

V. Folgerungen für konkurrierende Schadensersatzansprüche

1. Grundregeln

Verlangt ein Verbraucher die von ihm an die Fondsgesellschaft geleistete Einlage zurück, so stützt er sich nicht selten neben dem Widerruf auch auf eine Anfechtung des Beitritts wegen arglistiger Täuschung oder auf Schadensersatzansprüche. Hinsichtlich der *Anfechtung* gelten – wie bereits festgehalten –[121] die Regeln über die fehlerhafte Gesellschaft; an die Stelle einer bereicherungsrechtlichen Rückabwicklung tritt also der Anspruch auf das Auseinandersetzungsguthaben. Etwas anders liegen die Dinge hinsichtlich konkurrierender *Schadensersatzansprüche*.[122] In Betracht kommt

---

668; OLG Hamm, Urt. v. 26.11.2002 – 27 U 66/02, ZIP 2003, 1151, 1152; OLG Braunschweig, Beschl. v. 5.2.2003 – 3 U 266/02, ZIP 2003, 1154, 1155 (auch zu Ausnahmen); OLG Hamburg, Urt. v. 10.2.2004 – 11 W 85/03, NZG 2004, 859, 860; *Habersack*, ZIP 2001, 327, 329; *Ulmer* (Fußn. 52), § 705 Rn. 258; *K. Schmidt*, AcP 186 (1986), 421, 445 f. Etwas anderes gilt nach BGH, Urt. v. 12.5.1954 – II ZR 167/53, BGHZ 13, 320, 323 = NJW 1954, 1562; Urt. v. 29.6.1970 – II ZR 158/69, BGHZ 55, 5, 9 = NJW 1971, 375 (jeweils obiter) für den besonderen Fall, das ein Gesellschafter sich durch Täuschung einen übermäßigen Gewinn- oder Liquidationsanteil zugestehen lässt; offen lassend BGH NJW-RR 1988, 1379.

[120] OLG Köln, Urt. v. 14.8.1989 – 7 U 205/88, ZIP 1989, 1267, 1269; OLG Rostock, Urt. v. 1.3.2001 – 1 U 122/99, ZIP 2001, 1009, 1011; Staudinger/*Kessal-Wulf* (Fn. 63), § 9 VerbrKrG Rn. 45.

[121] S. oben bei Fn. 119.

[122] Überblick über die Anspruchsgrundlagen bei *K. Schmidt* (Fn. 1), § 57 IV 3 (S. 1684 ff.).

neben der Prospekthaftung[123] insbesondere ein Anspruch aus culpa in contrahendo (jetzt: §§ 280 Abs. 1, 241 Abs. 2, 311 Abs. 2 BGB),[124] und zwar unter dem Gesichtspunkt der Verletzung von Aufklärungspflichten,[125] ferner die deliktsrechtliche Haftung nach den §§ 823 Abs. 2 BGB, 264 a StGB[126].

Es fragt sich nun, ob solche Schadensersatzansprüche gegen die Gesellschaft geltend gemacht werden können. Wird bei der Begründung des Beteiligungsverhältnisses eine Aufklärungspflicht schuldhaft verletzt, so kommt eine Zurechnung mit der Folge in Betracht, dass die Gesellschaft haftet.[127] Der Schadensersatzanspruch ist auf das negative Interesse gerichtet; der Anleger muss mithin so gestellt werden, wie er stünde, wenn er sich nicht an der Gesellschaft beteiligt hätte. Praktisch läuft dies auf eine Rückzahlung der Einlage hinaus, also genau auf das Ergebnis, das durch eine Anwendung der Regeln über die fehlerhafte Gesellschaft vermieden werden soll.

Der BGH[128] hat daher für die Publikums-KG entschieden, dass der Schadensersatzanspruch nicht gegen die Gesellschaft selbst, sondern nur gegen den Täuschenden persönlich geltend gemacht werden könne. Zur Begründung wird darauf verwiesen, dass die übrigen Kommanditisten für das schädigende Handeln nicht verantwortlich seien. Diese Judikatur

---

[123] BGH, Urt. v. 5.7.1993 – II ZR 194/92, BGHZ 123, 106, 109 ff. = NJW 1993, 2865; Urt. v. 18.12.2000 – II ZR 84/99, NJW 2001, 1203 f. = ZIP 2001, 369; *Assmann*, in: Assmann/Schütze, Hdb. des Kapitalanlagerechts, 2. Aufl. 1997, § 7 Rn. 97; *Heisterhagen/Kleinert*, DStR 2004, 507, 510 ff. Zur zusätzlichen, ab 1.7.2005 geltenden Prospekthaftung nach §§ 13, 13 a VerkProspG n.F. s. noch unten VI 2.

[124] S. *K. Schmidt* (Fn. 1), § 57 IV 3 b bb (S. 1686 f.).

[125] Zum Inhalt und Umfang der vorvertraglichen Aufklärungspflicht s. BGH, Urt. v. 7.4.2003 – II ZR 160/02, NJW 2004, 365 = ZIP 2003, 996; Urt. v. 19.7.2004 – II ZR 354/02, ZIP 2004, 1706, 1707 = NJW-RR 2004, 1407; OLG Frankfurt, Urt. v. 1.7.2003 – 14 U 148/02, ZIP 2004, 32, 33 ff.; vgl. auch *W. Bayer/Riedel*, NJW 2003, 2567, 2569. Zu den Rechtsfolgen s. *K.-R. Wagner*, NZG 2003, 897 ff.

[126] Vgl. BGH, Urt. v. 14.6.2004 – II ZR 395/01, NJW 2004, 2731, 2734; *Lackner/Kühl*, StGB, 25. Aufl. 2004, § 264 a Rn. 3.

[127] Vgl. OLG Braunschweig, Teilurt. v. 19.3.2003 – 3 U 38/02, www.rws-verlag.de/Volltext vom 20.8.2003; *Frisch*, OLG Schleswig EWiR § 138 BGB 8/03, 801, 802.

[128] St. Rspr.; BGH, Urt. v. 14.12.1972 – II ZR 82/70, NJW 1973, 1604, 1605; Urt. v. 21.7.2003 – II ZR 387/02, ZIP 2003, 1592, 1594 = BKR 2003, 795,797; dem folgend OLG Karlsruhe, Urt. v. 28.8.2002 – 6 U 14/02, ZIP 2003, 202, 203; s. auch *H.P. Westermann*, ZIP 2002, 240, 243, 245.

verdient Zustimmung.[129] Würde man es dem geschädigten Anleger gestatten, Schadensersatz aus dem Gesellschaftsvermögen zu verlangen, so wären durch einen solchen Zugriff wirtschaftlich auch sämtliche übrigen Gesellschafter nachteilig betroffen. Dies erscheint unangemessen, da die anderen Anleger auf die Schädigung keinen Einfluss hatten.

Hinzu kommt, dass auch über einen Schadensersatzanspruch das mit jeder Beteiligung an einer Publikums-KG verbundene Verlustrisiko nicht einseitig den übrigen Gesellschaftern aufgebürdet werden darf. Hier ist wiederum die Verbundenheit zu einer Risikogemeinschaft zu beachten (s. bereits oben III 3 c aa). Es gilt, einen Wertungswiderspruch zu den Regeln von der fehlerhaften Gesellschaft zu vermeiden.[130]

2. Rechtslage bei der zweigliedrigen stillen Gesellschaft

Für die *zweigliedrige stille Gesellschaft* hat der Bundesgerichtshof[131] allerdings vor kurzem wiederholt anders entschieden. Zu dieser rechtlichen Gestaltung sei vorab Folgendes festgehalten: Bei der stillen Gesellschaft beteiligt sich ein Kapitalgeber als stiller Gesellschafter am Handelsgewerbe eines anderen (vgl. § 230 Abs. 1 HGB). Als *zweigliedrig* wird die stille Gesellschaft bezeichnet, wenn sie mit lediglich einem Kapitalgeber begründet wird. Diese Gestaltung haben auch Fondsinitiatoren für sich entdeckt, und zwar als Alternative zur GmbH & Co. KG und zur BGB-Gesellschaft: Es werden eine Vielzahl von Anlegern geworben, die mit der Geschäftsinhaberin – dabei handelt es sich regelmäßig um eine zu diesem Zweck errichtete Aktiengesellschaft – jeweils ein zweigliedriges stilles Beteiligungsverhältnis eingehen.[132]

---

[129] *Armbrüster/Joos*, ZIP 2004, 189, 198; *H.P. Westermann*, ZIP 2002, 240, 243, 245.

[130] Zutr. OLG Frankfurt, Urt. v. 1.7.2003 – 14 U 148/02, ZIP 2004, 32, 36.

[131] BGH, Urt. v. 19.7.2004 – II ZR 354/02, ZIP 2004, 1706 = NJW-RR 2004, 1407; Urt. v. 29.11.2004 – II ZR 6/03 (noch unveröff.); so auch *F. Ch. Hey*, NZG 2004, 1097, 1098 f.; *W. Bayer/Riedel*, NJW 2003, 2567, 2570 f.; OLG Jena, Urt. v. 26.2.2003 – 4 U 786/02, ZIP 2003, 1444, 1446 f. = DB 2003, 766, 767 f.; abweichend BGH, Urt. v. 24.5.1993 – II ZR 136/92, NJW 1993, 2107, 2108 (Auseinandersetzungsguthaben) und dem folgend OLG Bamberg, Urt. v. 16.2.2004 – 4 U 66/03, NZG 2004, 861, 862. – Nicht verbunden wurden mit den Verfahren II ZR 354/02 und 6/03 die weiteren, ähnliche Gestaltungen betreffenden Verfahren II ZR 15/03, 184/03 und 188/03.

[132] Im Fall OLG Hamburg, Urt. v. 10.2.2004 – 11 W 85/03, NZG 2004, 859 f. hatte jeder Kapitalgeber Einverständnis und Vollmacht hinsichtlich der

Nach dem Urteil des Bundesgerichtshofs vom 19.7.2004 soll der Anleger einen auf Verletzung einer Aufklärungspflicht gestützten Anspruch auf Einlagenrückgewähr gegen den Geschäftsinhaber geltend machen können.[133] Dabei hebt der *II. Zivilsenat* zur Begründung entscheidend darauf ab, dass es sich nicht um den Beitritt zu einer bestehenden Publikumsgesellschaft handelt, sondern dass der Anleger mit der von dem Initiator des Anlageprojekts gegründeten Aktiengesellschaft eine neue (stille) Gesellschaft bildet. Anders als bei einer Publikumsgesellschaft richteten sich hier Auseinandersetzungs- und Schadensersatzanspruch gegen dieselbe Person. Letzteres ist insofern eine petitio principii, als dass es gerade zu klären gilt, ob die Schutzinteressen der übrigen Anleger es gebieten, eine Inanspruchnahme des Geschäftsinhabers auf Schadensersatz auszuschließen. Zutreffend ist freilich, dass bei einer zweigliedrigen stillen Gesellschaft allein zwischen dem einzelnen Anleger und dem Geschäftsinhaber Rechtsbeziehungen bestehen. Dies legt die Annahme nahe, dass die Belange der übrigen Anleger hier tatsächlich keine Beachtung verdienen.

Dieser Schluss ist indessen sehr zweifelhaft. Bei der Geschäftsinhaberin handelt es sich nämlich – und diesen wesentlichen Umstand übergeht der BGH – ebenso wie bei der Publikums-KG um die *Trägerin des Anlagevermögens*. Auch bei der stillen Gesellschaft ist dieses Vermögen von allen Anlegern zusammen zur Verwirklichung des Anlagemodells aufgebracht worden. Die Interessenlage der Anleger ist daher identisch, ganz unabhängig davon, ob ihre Beteiligung sich auf eine Publikums-KG oder auf eine stille Gesellschaft bezieht. Eine rein formale Betrachtung, wie sie der BGH anstellt, wird dem *einheitlichen, sämtliche Anleger umfassenden Kapitalanlagekonzept*[134] und damit den schutzwürdigen Interessen der übrigen Anleger nicht gerecht.[135] Unzutreffend ist es auch, wenn gegen

---

Eingehung weiterer stiller Beteiligungen *in seinem Namen* gegeben, so dass – wenn der Geschäftsinhaber davon Gebrauch machte – schon deshalb eine *mehrgliedrige* stille Gesellschaft anzunehmen ist.

[133] BGH, Urt. v. 19.7.2004 – II ZR 354/02, ZIP 2004, 1706 = NJW-RR 2004, 1407; bestätigt durch Urt. v. 13.9.2004 – II ZR 276/02, ZIP 2004, 2095, 2098; so im Erg. auch OLG Schleswig, Urt. v. 5.12.2002 – 5 U 28/02, BKR 2003, 36, 38 ff.; OLG Jena, Urt. v. 26.2.2003 – 4 U 786/02, ZIP 2003, 1444, 1447 = DB 2003, 766, 767 f.; ferner OLG Bamberg, Urt. v. 16.2.2004 – 4 U 66/03, NZG 2004, 861, 862 f. (sofern als Schadensersatz nicht die Einlagerückgewähr begehrt wird); dem BGH zust. *F. Wagner*, LMK 2004, 189; krit. *Armbrüster*, ZfIR 2004, 929, 930 f.

[134] Dies übergeht *Thum*, VuR 2003, 49, 57, wenn er die einzelnen stillen Beteiligungen getrennt voneinander betrachtet. Zutr. demgegenüber *Wälzholz*, DStR 2003, 1533, 1535.

[135] So im Erg. auch OLG Frankfurt, Urt. v. 1.7.2003 – 14 U 148/02, ZIP

eine Gleichbehandlung mit der GmbH & Co. KG und der BGB-Gesellschaft eingewandt wird, dass bei der stillen Gesellschaft dann nicht
gegen die Initiatoren und Vertreiber vorgegangen werden könnte.[136] Die
Anwendung der Regeln über die fehlerhafte Gesellschaft auf die stille
Gesellschaft[137] hat lediglich zur Folge, dass gegen die *Geschäftsinhaberin*,
d.h. typischerweise: gegen die vom Initiator gegründete Aktiengesellschaft,
kein Schadensersatzanspruch besteht; Ansprüche gegen die Initiatoren und
sonstigen „Hintermänner" bleiben hiervon indessen unberührt.

Diese Überlegungen gelten erst recht für die *mehrgliedrige* stille Gesellschaft.[138] Insoweit sprechen sich auch diejenigen Autoren, die für die
zweigliedrige stille Gesellschaft die Regeln über die fehlerhafte Gesellschaft
ebenso wie nunmehr der BGH als unanwendbar ansehen, teils für eine Geltung jener Regeln aus.[139] Die in der Praxis bisweilen kontrovers beurteilte
Frage, wann von einer zwei- und wann von einer mehrgliedrigen stillen
Gesellschaft auszugehen ist,[140] hat nach der hier vertretenen Ansicht für
den Ausschluss des Schadensersatzanspruchs keine praktische Bedeutung;

2004, 32, 35 f.; OLG Dresden ZIP 2002, 1293, 1296 = BKR 2002, 1001, 1003
f.; OLG Stuttgart, Urt. v. 6.11.2002 – 14 U 21/02, ZIP 2003, 763, 766 = DB
2003, 764, 765 f.; OLG Bamberg, Urt. v. 18.8.2003 – 4 U 213/02, NJW-RR
2004, 974, 975 = NZG 2004, 129, 130; *Wälzholz*, DStR 2003, 1533, 1535; s. auch
Kübler, Gesellschaftsrecht, 5. Aufl. 1998, § 20 III (S. 291), § 25 I (S. 330 f.), § 31
VI (S. 402). Abw. OLG Jena, Urt. v. 26.2.2003 – 4 U 786/02, ZIP 2003, 1444,
1447 = NZG 2004, 131, 133; OLG Schleswig, Urt. v. 5.12.2002 – 5 U 28/02,
ZIP 2003, 74, 78; OLG Frankfurt/M., Urt. v. 8.5.2003 – 27 U 23/02, NJW-RR
2004, 545, 546 f. = NZG 2004, 323, 324 f.; ferner *F. Wagner*, EWiR § 280 BGB
3/03, 505, 506; *v. Gerkan*, EWiR 2003, 1037, 1038, der darauf hinweist, dass
bei stillen Beteiligungen anders als bei Publikums-KGs der Geschäftsinhaber selbst
Partner des Beteiligungsvertrages sei und daher selbst hafte.

[136] So aber *F. Wagner*, LMK 2004, 189.

[137] Generell (nicht nur bei Anlagemodellen) ablehnend *Flume* (Fn. 51),
§ 2 III (S. 26); *C. Schäfer* (Fn. 53), S. 144 f.; *Ulmer*, in: MünchKomm-BGB
(Fn. 52), § 705 Rn. 354 ff. 359; a.A. die überwiegende Ansicht; s. nur BGH,
Urt. v. 29.6.1970 – II ZR 158/69, BGHZ 55, 5, 8 f. = NJW 1971, 375, 377;
Baumbach/Hopt (Fn. 109), § 230 Rn. 11; *Blaurock* (Fn. 74), Rn. 11.12.

[138] S. dazu etwa OLG Hamburg, Urt. v. 10.2.2004 – 11 W 85/03, NZG
2004, 859, 860.

[139] *W. Bayer/Riedel*, NJW 2003, 2567, 2572; ebenso wohl im Erg. OLG Jena,
Urt. v. 26.2.2003 – 4 U 786/02, ZIP 2003, 1444, 1447 = DB 2003, 766, 767 f.
(auf die Zweigliedrigkeit abhebend); umfassend für Nichtanwendbarkeit hingegen
F. Wagner, LMK 2004, 189, 190.

[140] Vgl. etwa OLG Hamburg, Urt. v. 10.2.2004 – 11 W 85/03, NZG 2004,
859, 860 (dazu s. Fn. 132) gegenüber OLG Jena, Urt. v. 26.2.2003 – 4 U 786/02,
ZIP 2003, 1444, 1447 = NZG 2004, 131, 133.

entscheidend ist allein, ob die einzelnen Beteiligungen im Rahmen eines *einheitlichen Anlagemodells* eingegangen wurden, so dass sämtliche Anleger eine Risikogemeinschaft bilden.

An dieser Stelle sei folgende *dritte These* festgehalten: *Konkurrierende Schadensersatzansprüche kann der Anleger nicht gegen die Gesellschaft, sondern nur gegen die Initiatoren und sonstigen „Hintermänner" des Fonds sowie ggf. gegen die finanzierende Bank geltend machen. Dies gilt auch für die zweigliedrige stille Gesellschaft.*

VI. Rechtspolitischer Ausblick zum Verbraucherschutz bei Fondsbeteiligungen

1. Schutzbedürfnis des Verbrauchers

Wie bereits ausgeführt, mag in einigen Fällen dem Anleger das ein- oder zweiwöchige Widerrufsrecht durchaus etwas nutzen. Das *wesentliche* Schutzbedürfnis des Verbrauchers rührt hingegen aus den spezifischen mit einer Fondsbeteiligung verbundenen Risiken her. Sie heben diese Anlageform nicht nur von Austauschverträgen ab, sondern auch von den meisten konventionelleren Kapitalanlagen. Rechtsprechung und teils auch Gesetzgebung versuchen diesem gesteigerten Schutzbedürfnis durch Aufklärungspflichten, die Prospekthaftung und bei fremdfinanzierten Beteiligungen auch durch eine Einbeziehung der Banken in die Haftung[141] Rechnung zu tragen. Dieser Schutz kommt allerdings jedenfalls bei eigenfinanzierten Beteiligungen dann zu spät, wenn die Verantwortlichen insolvent oder aus sonstigen Gründen nicht greifbar sind; außerdem trägt der Anleger stets das Prozessrisiko. Ein gegen die Gesellschaft gerichteter Schadensersatzanspruch auf Rückgängigmachung der Beteiligung würde sich – wie aufgezeigt (oben V) – zu Lasten der anderen Anleger auswirken. Damit richtet sich der Blick auf eine Verbesserung der *Prävention*, also auf eine effektivere Aufklärung und Warnung des Anlageinteressenten vor Vertragsschluss.

---

[141] S. oben bei Fn. 95, 122 ff.

2. Wege zur Verbesserung des Präventivschutzes

Durch das Anlegerschutzverbesserungsgesetz vom 28.10.2004[142] hat der deutsche Gesetzgeber mit Wirkung ab 1.7.2005 auch für geschlossene Fonds eine *Prospektpflicht* eingeführt (§ 82 f VerkProspG n.F.). Danach sind nahezu sämtliche Emissionsprospekte (zu Ausnahmen s. § 82 f Abs. 2 VerkProspG n.F.) bei der Bundesanstalt für Finanzdienstleistungen (BaFin) zu hinterlegen, von dieser auf Vollständigkeit zu überprüfen und für den Vertrieb freizugeben. Parallel dazu wird die spezialgesetzliche Prospekthaftung gem. §§ 13, 13 a VerkProspG n.F. auf die hier interessierenden Fondsprospekte erstreckt; sie tritt neben die von der Rechtsprechung entwickelten Regeln zur bürgerlich-rechtlichen Prospekthaftung.[143] Durch diese Neuregelungen wird sich für die große Mehrzahl der Fondsinitiatoren freilich, sieht man von dem dann einzuhaltenden Verfahren ab, kein Unterschied ergeben, da diese bereits bislang mit ausführlichen Prospekten werben. Die inhaltlichen Anforderungen an die Prospekte sind schon durch die bisherige Rechtsprechung zur bürgerlich-rechtlichen Prospekthaftung in weitem Maße konkretisiert worden. Viele Prospekte enthalten daher bereits jetzt die Angaben über alle Umstände, die für den Entschluss zur Beteiligung von wesentlicher Bedeutung sind (Gegenüberstellung von Chancen und Risiken), wie dies der Bundesgerichtshof[144] für eine ordnungsgemäße Aufklärung verlangt.

All dies ändert indessen nichts daran, dass die Warnhinweise oft nicht mit der gebotenen Aufmerksamkeit gelesen und ernst genommen werden. Man kann sich nun auf den Standpunkt stellen, dass in solchen Fällen die Grenze der Eigenverantwortlichkeit des Anlageinteressenten überschritten sei. Auf der anderen Seite ist zu bedenken, dass der Anlegerschutz etwa bei Wertpapierinvestments mittlerweile namentlich durch das WpHG deutlich stärker ausgebaut worden ist und dass der Gesetzgeber den Verbraucher auch in anderer Hinsicht – namentlich durch das Widerrufsrecht bei Haustürgeschäften – vor den Konsequenzen unbedachter Entscheidungen schützt. Letztlich ist die Grenzziehung zwischen dem Bereich der Eigenverantwortung und demjenigen eines Anlegerschutzes eine Frage der Verhältnismäßigkeit, so dass die in Betracht kommenden Schutzinstrumente in den Blick zu nehmen sind.

---

[142] Gesetz zur Verbesserung des Anlegerschutzes, BGBl. 2004 I, 2630; s. dazu *Spindler*, NJW 2004, 3449 ff.; *Diekmann/Sustmann*, NZG 2004, 929 ff.; speziell zur Prospektpflicht für geschlossene Fonds *Hasenkamp*, DStR 2004, 2154 ff.

[143] Begr. RegE, BT-Drs. 15/3174, S. 44; *Spindler*, NJW 2004, 3449, 3455.

[144] S. nur BGH, Urt. v. 24.4.1978 – II ZR 172/76, BGHZ 71, 285, 287 f. = NJW 1978, 1625; eingehend *Gummert*, in: MünchHdbGesR (Fn. 62), § 69 Rn. 14 ff.

Ein möglicher Weg zur Verbesserung des Anlegerschutzes ist die Einführung einer *formalen Mindestqualifikation für Anlagevermittler*. Dieses im anglo-amerikanischen Rechtskreis verbreitete Instrument setzt der EU-Richtliniengeber neuerdings im Privatversicherungsrecht ein.[145] Dort besteht – insbesondere in der Lebensversicherung – teils ein mit der Fondsbeteiligung vergleichbares Informationsbedürfnis, insbesondere was die langfristige Vermögensbindung angeht. Durch die Einführung bestimmter Mindestvoraussetzungen (Nachweis der fachlichen Qualifizierung, Erfüllung persönlicher und finanzieller Voraussetzungen, Eintragung in einem öffentlichen Register) könnte allerdings von vornherein nur einer von mehreren Vertriebswegen für Fondsbeteiligungen erfasst werden. Ein Schutzbedürfnis haben aber gerade auch Verbraucher, die ihre Beteiligung ohne Einschaltung eines Vermittlers eingehen.

Ein besonders weitreichender Schutz lässt sich durch ein *notarielles Beurkundungserfordernis* erzielen,[146] das unabhängig vom Vertriebsweg gilt. Dadurch wäre der mit den verbraucherschutzrechtlichen Widerrufsrechten bezweckte Übereilungsschutz und zugleich eine Warnung und sachkundige Belehrung durch einen unabhängigen Dritten erreichbar. Im Rahmen der notariellen Belehrung gem. § 17 BeurkG könnte auch Besonderheiten bei bestimmten Fondsgestaltungen – wie etwa Nachschusspflichten – Rechnung getragen werden. Es ist allerdings nicht zu verkennen, dass das Beurkundungserfordernis auch einigen Aufwand mit sich brächte. Zudem droht europarechtlich eine Auseinandersetzung darüber, ob ein solches Erfordernis im Allgemeininteresse dringend geboten und damit als Einschränkung des grenzüberschreitenden Verkehrs gerechtfertigt ist.[147]

Immerhin könnte man insofern eine Anleihe beim Beurkundungsverfahren machen, als dass in Anlehnung an § 17 Abs. 2 a BeurkG die Aushändigung der Vertragsunterlagen einschließlich des Prospekts an den Anleger mindestens zwei Wochen vor dem Beitritt zu erfolgen hat. Dabei ist freilich nicht zu übersehen, dass hier anders als bei Einschaltung eines Notars eine erhebliche Gefahr von Manipulationen besteht; zudem kann im Einzelfall gerade auch der Anleger ein Interesse an einem raschen Beitritt (etwa noch vor dem Jahresende) haben.

In Betracht kommt schließlich eine weitere Lösung. Sie besteht darin, dass der Verbraucher auf dem Beitrittsformular gesondert mit seiner

---

[145] Vgl. Art. 4 der Richtlinie 2002/92/EG des Europäischen Parlaments und des Rates vom 9.12.2002 über Versicherungsvermittlung, ABl. EG Nr. L 9 v. 15.12003, S. 3, 7.

[146] Vgl. bereits die Erwägungen bei *Armbrüster*, DNotZ 1997, 762, 784; *ders.*, EWiR § 1 HWiG 3/01, 769, 770.

[147] Vgl. dazu *Armbrüster/Renner*, in: Huhn/von Schuckmann, BeurkG, 4. Aufl. 2003, Einl. Rn. 69.

Unterschrift zu bestätigen hat, dass er über die mit der Fondsbeteiligung verbundenen Risiken aufgeklärt wurde. Wird dem Verbraucher eine solche zusätzliche Unterschrift abverlangt, so wird ihm – wie bei der Widerrufsbelehrung – die besondere Bedeutung der im Prospekt enthaltenen Risikohinweise vor Augen geführt. Dabei sollten die wichtigsten Risiken der Fondsbeteiligung schlagwortartig zu benennen sein, also etwa: „Langfristigkeit der Vermögensanlage, begrenzte Veräußerbarkeit der Beteiligung, Risiko eines ungünstigeren Verlaufs bis hin zu einem Totalverlust der Einlage, ggf. auch: vertragliche Nachschusspflicht." Durch eine solche kurze Aufzählung wird der Warnzweck effektiv erreicht und zugleich eine Überfrachtung des Beitrittsformulars verhindert. Mit dieser Lösung, die eine gewisse Parallele zum gleichfalls eine Unterschrift des Anlegers vorsehenden Informationsmodell des § 37 d WpHG[148] aufweist, ist auch kein unverhältnismäßig weit reichender Anlegerschutz verbunden. Wer die Risikobelehrung unterschreibt und dennoch die – im Prospekt ordnungsgemäß geschilderten – Risiken der Beteiligung unterschätzt, hat nämlich die wirtschaftlichen Folgen dieser Investitionsentscheidung zu tragen.

Die *vierte These* lautet daher: *Rechtspolitisch sinnvoll ist ein stärkerer präventiver Schutz des Verbrauchers davor, Fondsbeteiligungen einzugehen, deren Risiken er nicht überblickt. In Betracht kommt insbesondere, dass der Anleger eine konkret gefasste Risikobelehrung zu unterschreiben hat.*

VII. Fazit und Thesen

Es hat sich gezeigt: Verbraucherschutzinteressen kommen auch im Gesellschaftsrecht zum Tragen. Zugleich gerät das europarechtlich vorgegebene Instrumentarium des Widerrufsrechts in einen Konflikt mit einem anerkannten Grundsatz des deutschen Gesellschaftsrechts: Nach europäischem Verbraucherschutzrecht kann die gesamte geleistete Einlage zurückgefordert werden, nach den Regeln von der fehlerhaften Gesellschaft hingegen das – in den hier betrachteten Fällen typischerweise niedrigere – Auseinandersetzungsguthaben. Vergegenwärtigt man sich, dass die Regeln über die fehlerhafte Gesellschaft zumindest auch die übrigen Gesellschafter schützen sollen, und dass diese ihrerseits in aller Regel Verbraucher sind, so wird deutlich: Es geht letztlich um einen Konflikt *konkurrierender Verbraucherinteressen*. In dieser Situation ist es europarechtskonform, die

---

[148] S. dazu *Mülbert*, in: Assmann/Uwe H. Schneider (Hrsg.), WpHG, 3. Aufl. 2003, § 37 d Rn. 6 ff.

Lösung gemäß den Regeln über die fehlerhafte Gesellschaft zu suchen. Dies trägt dem Umstand Rechnung, dass sich bei einer Gesellschaftsbeteiligung – anders als bei einem Austauschvertrag – nicht zwei Vertragsparteien mit gegenläufigen Einzelinteressen gegenüberstehen, sondern dass es sich um den Zusammenschluss zu einer Risikogemeinschaft handelt. Insofern bedarf das auf Austauschverträge zugeschnittene Verbraucherschutzrecht für Gesellschaftsbeteiligungen einer Modifikation. Das Einzelinteresse des widerrufenden Anlegers muss teilweise, nämlich hinsichtlich der Einlagenrückgewähr, hinter das Interesse der übrigen Verbraucher zurücktreten; insofern erweist sich das Widerrufsrecht hier in seinen Rechtsfolgen als *zu weitgehend*. Auf der anderen Seite ist das Widerrufsrecht für Fondsbeteiligungen als Schutzinstrument *unzureichend*, weil ein wesentliches Schutzbedürfnis des Anlegers – nämlich dasjenige nach Risikoaufklärung – sich damit nicht sachgerecht erfassen lässt. Ein verbesserter präventiver Schutz ließe sich de lege ferenda hingegen durch eine eigens zu unterzeichnende konkrete Risikobelehrung erreichen.

Hinsichtlich der eingangs aufgeworfenen grundsätzlichen Frage nach dem Verhältnis von Gesellschaftsrecht und Verbraucherschutz lässt sich mithin Folgendes festhalten: Das allgemeine Verbraucherschutzrecht des BGB gilt zwar auch im Gesellschaftsrecht, es bedarf aber gleich in mehrfacher Hinsicht der Modifikation, nämlich einerseits der Einschränkung, andererseits aber auch der Ergänzung durch spezielles Anlegerschutzrecht. Wegen der *Einzelergebnisse* sei auf die im Laufe der Abhandlung entwickelten *vier Thesen* verwiesen, die hier abschließend zusammengestellt sind:

1. Die Beteiligung als Gesellschafter an einem geschlossenen Fonds ist auf eine entgeltliche Leistung im Sinne der verbraucherschutzrechtlichen Widerrufsrechte gerichtet.
2. Die Rechtsfolgen eines Widerrufs werden zum Schutz der übrigen Anleger durch die Regeln über die fehlerhafte Gesellschaft modifiziert (BGH ZIP 2004, 2319; 2322; offen lassend noch BGH NJW 2004, 2731, 2734). An die Stelle einer Rückabwicklung nach Rücktrittsregeln tritt daher ein Anspruch auf das Auseinandersetzungsguthaben.
3. Konkurrierende Schadensersatzansprüche kann der Anleger nicht gegen die Gesellschaft, sondern nur gegen die Initiatoren und sonstigen „Hintermänner" des Fonds sowie ggf. gegen die finanzierende Bank geltend machen. Dies gilt auch für die zweigliedrige stille Gesellschaft (insoweit a.A. BGH ZIP 2004, 1706, 1707 f. = NJW-RR 2004, 1407).
4. Rechtspolitisch sinnvoll ist ein stärkerer präventiver Schutz des Verbrauchers davor, Fondsbeteiligungen einzugehen, deren Risiken er nicht überblickt. In Betracht kommt insbesondere, dass er eine konkret gefasste Risikobelehrung zu unterzeichnen hat.